21世纪会计系列规划教材　应用型

省级一流专业建设成果教材

统计应用实验

——基于Excel 2010

（第二版）

朱淑梅　冯　静　主　编

滕萍萍　李绍芳　杨秀秀　副主编

Tongji Yingyong Shiyan

Jiyu Excel 2010

东北财经大学出版社　｜　大连

Dongbei University of Finance & Economics Press

图书在版编目（CIP）数据

统计应用实验：基于 Excel 2010 / 朱淑梅，冯静主编. —2版. —大连：东北财经大学出版社，2023.8
（21世纪会计系列规划教材·应用型）
ISBN 978-7-5654-4905-5

Ⅰ.统⋯　Ⅱ.①朱⋯ ②冯⋯　Ⅲ.表处理软件–应用–统计分析–实验–教材　Ⅳ.C819-33

中国国家版本馆CIP数据核字（2023）第134274号

东北财经大学出版社出版
（大连市黑石礁尖山街217号　邮政编码　116025）
网　　址：http：//www.dufep.cn
读者信箱：dufep@dufe.edu.cn

大连雪莲彩印有限公司印刷　东北财经大学出版社发行
幅面尺寸：185mm×260mm　字数：241千字　印张：10.75
2023年8月第2版　　　　　　2023年8月第1次印刷
责任编辑：高　铭　吴　茜　　责任校对：孟　鑫
封面设计：原　皓　　　　　　版式设计：原　皓
定价：32.00元

教学支持　售后服务　　联系电话：（0411）84710309
版权所有　侵权必究　　举报电话：（0411）84710523
如有印装质量问题，请联系营销部：（0411）84710711

第二版前言

"统计应用实验"是经济类、管理类专业学生的一门核心基础课程。在经济飞速发展的当下，无论是宏观的国家经济调控管理，还是微观的企业生产经营管理，都需要及时、准确地获得各种数据信息，并对这些数据信息进行分析处理。因此，掌握数据处理工具的使用方法日益重要。本教材基于普遍性和易掌握性，以 Excel 作为数据处理软件，设计了九个具体的实验内容。通过学习，旨在锻炼和培养学生对统计方法的应用能力，特别是提高学生对统计软件的应用操作能力，为日后的学习和工作打下良好的基础。

教育是国之大计、党之大计。培养什么人、怎样培养人、为谁培养人是教育的根本问题。本教材在第一版的基础上，遵循应用型人才培养宗旨和立德树人的根本任务，进行了相关内容的修改，主要有以下亮点：

1. 实验内容清晰、操作步骤详尽，易于学习。实验内容及实验步骤按照统计学理论课程的框架设计，条理清晰、易于理解；对主要理论知识点均设计例题讲解具体实验步骤，实例丰富、图文并茂、步骤明确、易于学习；每个实验最后都配有相应的练习题，供读者练习。

2. 分类别设计实验内容，针对性强。本教材以 Excel 2010 作为数据处理软件，设计了九个常见的实验内容：统计数据的来源、Excel 2010 在统计学中的应用基础、统计数据的整理与显示、统计数据分布特征的描述、动态数列分析、统计指数分析、相关分析与回归分析、参数估计、假设检验。每个实验内容都有具体的实验任务和练习题，有针对性地分类别进行统计应用实验的操作讲解，使学生更容易掌握。

3. 突出应用性，培养学生的实际操作能力。本教材围绕常见问题设计了九个具体的实验内容，通过学习使学生能够借助 Excel 进行数据处理，完成数据整理、显示和统计指标计算等，并能对统计分析结果作出简要的总结说明，培养学生的数量分析能力。

4. 提供了与实验内容相关的 Excel 实验数据，应用方便。为了方便教学，本教材将所有实验步骤中涉及的 Excel 实验数据分为教学版和学生版两个版本，方便教师教学和学生学习。教学版 Excel 实验数据可登录东北财经大学出版社网站（www.dufep.com）下载，学生版 Excel 实验数据可扫描各章二维码下载。

5. 本次修订紧紧围绕党的二十大精神，将统计方法的应用与中国实际问题相联系，紧密结合中国特色社会主义伟大成就、依托一个个实际的案例来引导学生思考统计在实现中华民族伟大复兴的道路上所起的作用，帮助读者树立正确的统计价值观与统计理念、牢记统计服务于社会的使命。

本教材由朱淑梅、冯静担任主编，滕萍萍、李绍芳、杨秀秀担任副主编，孔令一、殷晓彦参编。本教材的具体分工如下：冯静主要编写实验一和实验三部分内容、李绍芳主要编写实验二和实验三部分内容，朱淑梅主要编写实验四和实验九，滕萍萍主要编写实验五和实验六，杨秀秀主要编写实验七和实验八，孔令一参与编写实验四、实验五、实验六的部分内容，殷晓彦参与编写实验二、实验八、实验九的部分内容。

　　本教材在编写过程中，参考和借鉴了大量相关实验教材的成果，得到了东北财经大学出版社的大力支持，在此表示诚挚的谢意！

　　由于作者水平有限，教材中难免有疏漏之处，恳请读者提出改进意见，以便我们进一步修订和完善。

编　者

2023 年 6 月

目　录

实验一

统计数据的来源

实验目的

掌握 Excel 2010 抽取样本的基本操作。

实验要求

1. 熟练掌握通过 Excel 2010 进行随机样本的抽取。
2. 熟练运用 Excel 2010 产生随机数。

寓德于教

统计数据的
来源

实现小康　圆中华民族千年梦想①

党的二十大报告指出："我们经过接续奋斗，实现了小康这个中华民族的千年梦想，我国发展站在了更高历史起点上。我们坚持精准扶贫、尽锐出战，打赢了人类历史上规模最大的脱贫攻坚战，全国八百三十二个贫困县全部摘帽，近一亿农村贫困人口实现脱贫，九百六十多万贫困人口实现易地搬迁，历史性地解决了绝对贫困问题，为全球减贫事业作出了重大贡献。"

请思考：

1. 在党的二十大报告中，相关数据的来源是什么？

2. 有关数据的来源，你了解哪些渠道呢？

第一节　统计数据的来源

从使用者的角度看，数据主要来源于两种渠道：一是直接的调查、试验等，属于直接来源；二是他人的调查、试验等，属于间接来源。

一、数据的间接来源

对大多数使用者来说，亲自去做调查或试验往往不现实。他人调查或试验所得的数据，对使用者来说就是二手数据。

二手数据主要是指公开出版或公开报道的数据，这类数据主要来自研究机构、国家和地方的统计部门、其他管理部门、专业的调查机构，广泛分布在报刊、图书、广播、电视传媒中。现在，随着计算机网络技术的发展，也可以在网络上获取所需的各种数据。比

① 习近平. 高举中国特色社会主义伟大旗帜 为全面建设社会主义现代化国家而团结奋斗——在中国共产党第二十次全国代表大会上的报告 [EB/OL]. [2022-10-16]. https://www.gov.cn/xinwen/2022-10/25/content_5721685.htm.

如，各种金融产品的交易数据、国家统计局官方网站（www.stats.gov.cn）的各种宏观经济数据等。利用二手数据对使用者来说既经济又方便，但使用时应注意统计数据的含义、计算口径和计算方法，以避免误用或滥用。同时，在引用二手数据时，一定要注明数据的来源，以尊重他人的劳动成果。

二、数据的直接来源

数据的直接来源主要是调查、互联网或试验。比如：统计部门调查取得的数据；其他部门或机构为特定目的调查的数据；利用互联网收集的各类产品交易、生产和经营活动等产生的大数据。试验是取得自然科学数据的直接来源。

已有的数据不能满足需要时，可以亲自去调查或试验。比如，你想了解全校学生的生活费支出状况，可以从中抽出一个由 200 人组成的样本，通过对样本的调查获得数据。这里"全校所有学生生活费支出状况"是你所关心的总体（population），它是包含所研究的全部个体（数据）的集合。所抽取的 200 人就是一个样本（sample），它是从总体中抽取的一部分元素的集合。构成样本的元素的数目称为样本量（sample size），抽取 200 人组成一个样本，样本量就是 200。

怎样获得一个样本呢？要在全校学生中抽取 200 人组成一个样本，如果全校学生中每一个学生被抽中与否完全是随机的，而且每个学生被抽中的概率是已知的，这样的抽样方法称为概率抽样（probability sampling）。概率抽样方法包括简单随机抽样、分层抽样、系统抽样、整群抽样等。

简单随机抽样（simple random sampling）是从含有 N 个元素的总体中，抽取 n 个元素组成一个样本，使得总体中的每一个元素都有相同的机会（概率）被抽中。采用简单随机抽样时，如果抽取一个个体记录下数据后，再把这个个体放回到原来的总体中参加下一次抽选，称为有放回抽样（sampling with replacement）；如果抽中的个体不再放回，从剩下的个体中再抽取第二个元素，直到抽取 n 个个体为止，这样的抽样方法称为无放回抽样（sampling without replacement）。当总体数量很大时，无放回抽样可以视为有放回抽样。由简单随机抽样得到的样本称为简单随机样本（simple random sample）。简单随机抽样是其他抽样方法的基础，多数统计推断也都是以简单随机样本为基础的。

分层抽样（stratified sampling）也称分类抽样，它是在抽样之前先将总体的元素划分为若干层（类），然后从各层中抽取一定数量的元素组成一个样本。比如，要研究学生的生活费支出，可先将学生按地区进行分类，然后从各地区抽取一定数量的学生组成一个样本。分层抽样的优点是可以使样本分布在各层，从而使样本在总体中的分布比较均匀，可以降低抽样误差。

系统抽样（systematic sampling）也称等距抽样，它是先将总体各元素按某种顺序排列，并按某种规则确定一个随机起点，然后每隔一定的间隔抽取一个元素，直至抽取 n 个元素组成一个样本。比如，要从全校学生中抽取一个样本，可以找到全校学生的花名册，按花名册中的学生顺序，用随机数找到一个随机起点，然后依次抽取得到一个样本。

整群抽样（cluster sampling）是先将总体划分成若干群，然后以群为抽样单元从中抽取部分群组成一个样本，再对抽中的每个群中包含的所有元素进行观察。比如，可以把每一个学生宿舍看作一个群，在全校学生宿舍中抽取一定数量的宿舍，然后对抽中的宿舍中每一个学生都进行调查。整群抽样的误差相对要大一些。

在实际应用中，抽取一个简单随机样本的过程可以由 Excel 来完成。下面通过一个例子说明用 Excel 的数据分析工具抽取随机样本的过程。

【例 1-1】全国 31 个地区的编号和名称见表 1-1，请随机抽取 5 个地区组成一个样本。

表 1-1   全国 31 个地区的编号和名称

编号	地区	编号	地区	编号	地区
1	北京	12	安徽	23	四川
2	天津	13	福建	24	贵州
3	河北	14	江西	25	云南
4	山西	15	山东	26	西藏
5	内蒙古	16	河南	27	陕西
6	辽宁	17	湖北	28	甘肃
7	吉林	18	湖南	29	宁夏
8	黑龙江	19	广东	30	青海
9	上海	20	广西	31	新疆
10	江苏	21	海南		
11	浙江	22	重庆		

具体操作步骤如下：

（1）在工作表中点击"数据"中的"数据分析"。

（2）在弹出的对话框中选择"抽样"，界面如图 1-1 所示。

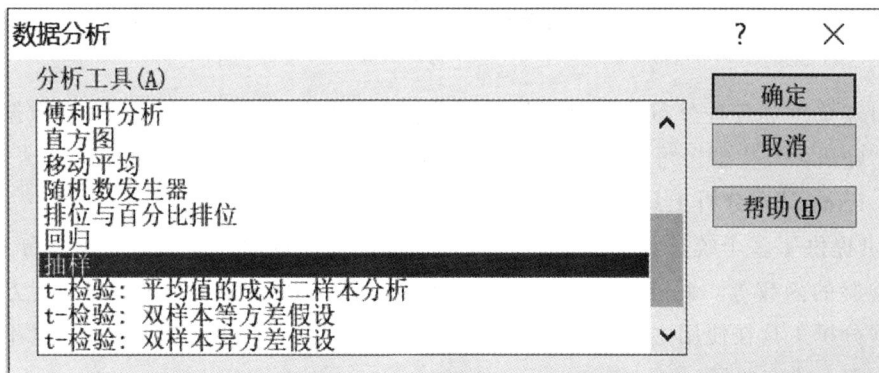

图 1-1 "数据分析"对话框

（3）单击"确定"。在出现的对话框"输入区域"中输入编号区域（数值数据直接输入数据区域）；在"抽样方法"中单击"随机"；在"样本数"中输入需要抽样的样本量；在"输出区域"中选择抽样结果放置的区域。"抽样"对话框如图 1-2 所示。

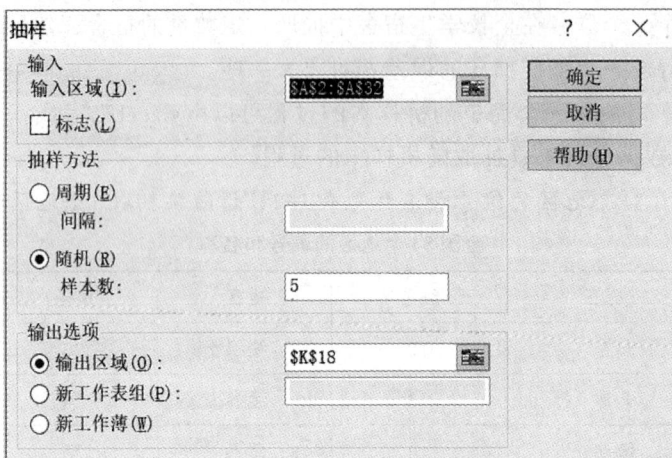

图 1-2　"抽样"对话框

（4）单击"确定"，即得到一个随机样本。

按上述步骤得到的随机样本见表 1-2。

表 1-2　　　　　　　　　　用数据分析工具抽取的一个随机样本

编号	地区
8	黑龙江
5	内蒙古
26	西藏
12	安徽
31	新疆

第二节　用 Excel 产生随机数

有时需要生成各种分布的随机数作模拟分析。用 Excel 提供的统计函数或数据分析工具中的"随机数发生器"可以产生一些常用分布的随机数。

一、Excel 数据分析工具的安装

Excel 提供了多个统计计算函数，包括各描述性统计量的计算函数、概率分布函数、估计和检验的函数等。此外，还提供了数据分析工具，其中包含多种基本统计方法的计算。数据分析工具在使用之前，需要安装。Excel 2010 版的具体安装步骤如下（不同版本在安装步骤上略有差异）。

第 1 步：在 Excel 工作表界面中点击"文件"→"选项"。

第 2 步：在弹出的对话框中选择"加载项"，并在"加载项"下选择"分析工具库"，界面如图 1-3 所示。

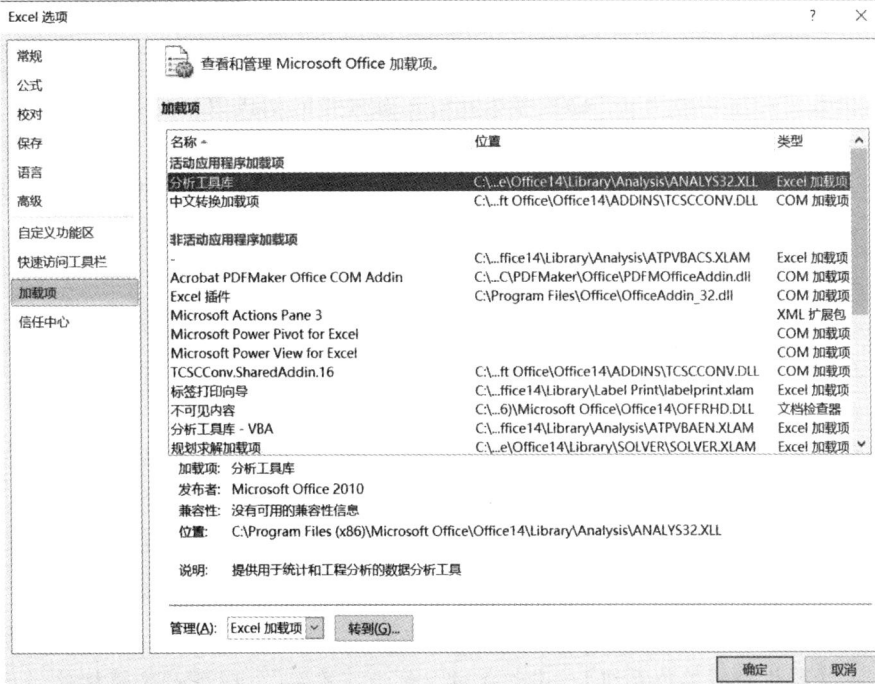

图 1-3　"加载项"对话框

第 3 步：点击"转到"，出现的界面如图 1-4 所示。点击"确定"，即可完成安装。

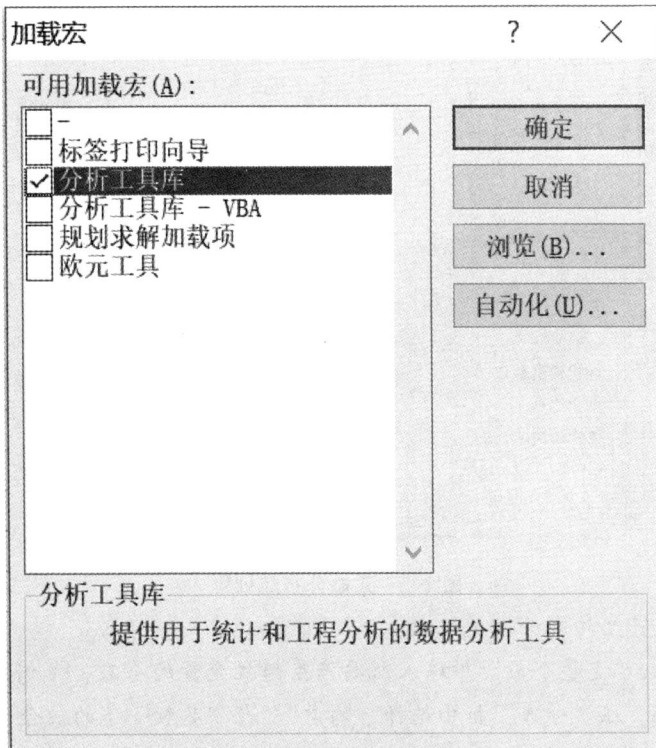

图 1-4　"加载宏"对话框

二、用 Excel 产生随机数

利用统计函数或数据分析工具可以产生多种随机数。比如，产生任意两个数之间均匀分布的随机数，产生均值为 μ、标准差为 σ 的正态分布的随机数，如果 μ=0，σ=1，则产生标准正态分布的随机数，产生任意两个数之间的随机整数，等等。

【例 1-2】请用 Excel 的数据分析工具产生以下随机数：（1）均值为 50、标准差为 5 的正态分布的 10 个随机数；（2）1～100 均匀分布的两个变量的各 15 个随机数。

具体操作步骤如下：

（1）将光标放在任意空白单元格，然后点击"数据"→"数据分析"。

（2）在弹出的对话框中选择"随机数发生器"，单击"确定"。

第一种情况：产生正态分布随机数。

在"变量个数"中输入所要产生随机变量的个数，比如，输入 1 表示要产生一个变量的随机数，输入 2 表示要产生两个变量的随机数，等等。在"随机数个数"中输入所要产生随机数的个数，比如 10。在"分布"框中选择所要产生随机数的分布，比如"正态"。在"参数"下的"平均值"框中输入正态分布的均值（默认为 0），比如 50；在"标准偏差"框中输入正态分布的标准差（默认为 1），比如 5。在"输出选项"下选择输出随机数的放置位置（默认为新工作表组），比如 A 列。单击"确定"，即可产生随机数。正态分布随机数如图 1-5 所示。

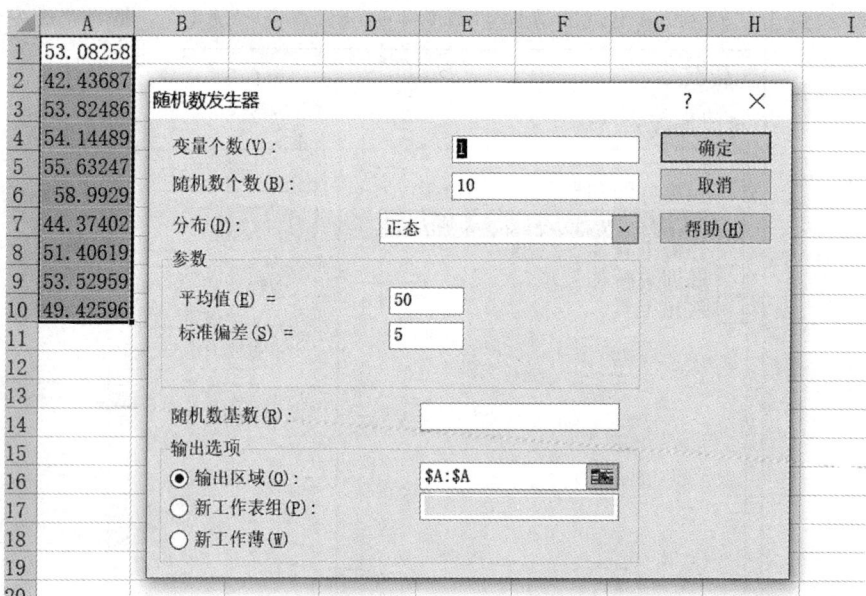

图 1-5　正态分布随机数

第二种情况：产生均匀分布随机数。

重复上述操作，"变量个数"中输入所要产生随机变量的个数，本例为 2。在"随机数个数"框中输入 15。在"分布"框中选择"均匀"。在"参数"下的"介于"框后输入 1 和 100（默认为 0～1）。在"输出选项"下选择输出随机数的放置位置（默认为新工作表组），比如 A 列。单击"确定"，即可产生随机数。均匀分布随机数如图 1-6 所示。

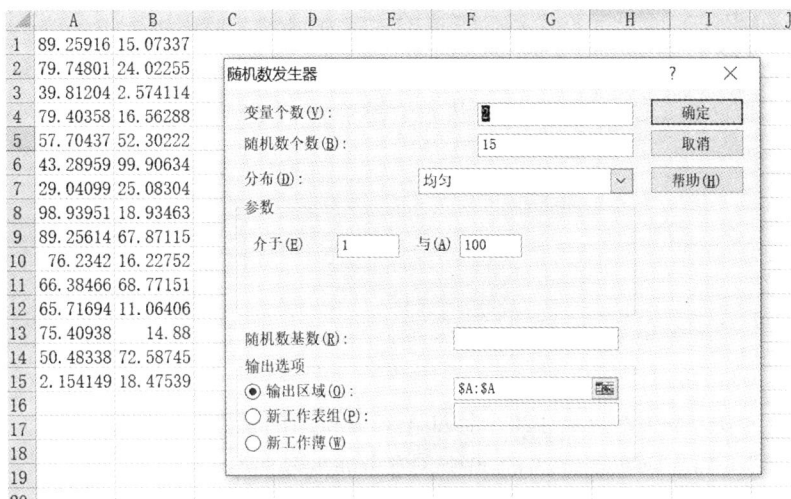

图 1-6　均匀分布随机数

由于随机数是随机产生的，每次运行都会得到一组不同的随机数。

除了使用"随机数发生器"产生随机数外，使用 Excel 的"RAND"函数也可以产生 0 和 1 之间均匀分布的随机数，函数语法为：RAND（）。该函数没有参数，直接在工作表任意单元格输入"=RAND（）"，即可产生一个随机数，要得到多个随机数，用单元格右下角的填充柄复制函数即可。

此外，使用 Excel 的"RANDBETWEEN"函数可以产生任意两个指定数之间的随机整数。

【例1-3】请使用 Excel 的"RANDBETWEEN"函数在 60~100 中产生 15 个随机数。

具体操作步骤如下：

（1）将光标放在任意空白单元格，然后点击"公式"-"插入函数"。

（2）"选择类别"中选择"全部"，并在"选择函数"中点击 RANDBETWEEN，单击"确定"。

（3）在"Bottom"中输入指定的最小整数，比如 60；在"Top"中输入指定的最大整数，比如 100；单击"确定"即可得到一个随机数（要得到多个随机数，向下或向右复制函数即可）。用 RANDBETWEEN 函数产生随机数如图 1-7 所示。

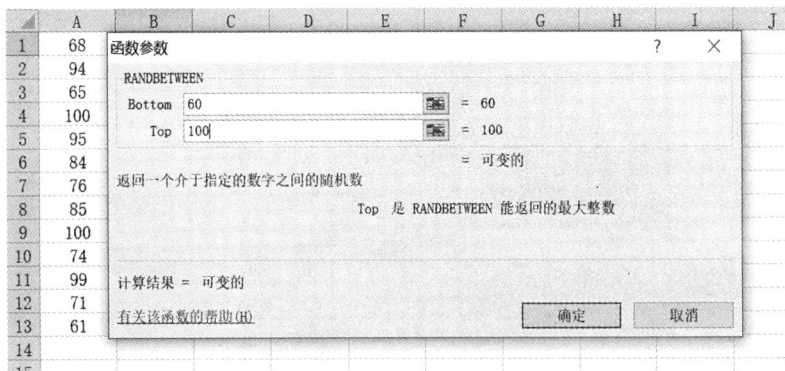

图 1-7　用 RANDBETWEEN 函数产生随机数

当对 Excel 工作表的单元格进行计算或输入新数据时，使用函数生成的随机数也会随单元格的改变而改变。为了使随机数不随单元格的计算而改变，可以在编辑栏中输入函数，比如"＝RAND（）"，保持编辑状态，然后按 F9，即可将公式永久性地固定为随机数。

练习题

1.从你所在的班级里抽取 10 名学生的统计学成绩，组成一个随机样本。

2.使用 Excel 产生以下随机数：

（1）均值为 0、标准差为 1 的 20 个标准正态分布的随机数。

（2）均值为 100、标准差为 20 的 30 个正态分布的随机数。

（3）在 1~1 000 中产生 200 个均匀分布的随机数。

实验二

Excel 2010 在统计学中的应用基础

> **实验目的**
>
> 掌握 Excel 2010 常用统计分析工具的基本操作。

实验要求

1. 熟练掌握 Excel 2010 的基本操作、各种数据的输入、工作表的格式设置。

2. 熟练运用 Excel 2010 的常用公式和统计函数。

Excel 2010 在统计学中的应用基础

寓德于教

加快发展数字经济　建设数字中国[①]

　　中国特色社会主义进入新时代，实现中华民族伟大复兴的中国梦开启新征程。党中央决定实施国家大数据战略，吹响了加快发展数字经济、建设数字中国的号角。习近平总书记在中共中央政治局第二次集体学习时的重要讲话指出，"大数据是信息化发展的新阶段"，并作出了推动大数据技术产业创新发展、构建以数据为关键要素的数字经济、运用大数据提升国家治理现代化水平、运用大数据促进保障和改善民生、切实保障国家数据安全的战略部署，为我国构筑大数据时代国家综合竞争新优势指明了方向。

　　请思考：

　　在大量且多维的数据面前，你了解哪些快速查找数据的方法？

第一节　Excel 2010 的基本操作

一、Excel 2010 的基本概念

1. 工作簿

　　工作簿是指在 Excel 中用来保存并处理工作数据的文件，它的扩展名是 ".xlsx"。一个工作簿文件中可以有多张工作表。

2. 工作表

　　工作簿中的每一张表称为一个工作表。每张工作表都有一个名称，显示在工作簿窗口底部的工作表标签中。新建的工作簿文件包含 3 张空工作表，其默认的名称为 Sheet1、

---

　　① 梅宏. 十三届全国人大常委会专题讲座第十四讲——大数据：发展现状与未来趋势［EB/OL］.［2019-10-31］. http://www.szzg.gov.cn/2019/szzg/lljyjl/201911/t20191101_5082658.htm.

Sheet2、Sheet3，用户可以根据需要增加或删除工作表。每张工作表由 1 048 576 行和 16 384 列构成，行的编号在屏幕中自上而下为 1～1 048 576，列号则由左到右采用字母 A，B，C……表示，当超过 26 列时用两个字母 AA，AB，…，AZ 表示，当超过 256 列时，则用 AAA，AAB，…，XFD 作为编号。

3.单元格

工作表中行、列交叉所围成的方格称为单元格，单元格是工作表的最小单位，也是 Excel 用于保存数据的最小单位。单元格中可以输入各种数据，如一组数字、一个字符串、一个公式，也可以是一个图形或一个声音等。每个单元格都有自己的名称，也叫作单元格地址。该地址由列号和行号构成，例如，第 1 列与第 1 行相交的单元格名称为 A1，同理，D2 表示的是第 4 列与第 2 行相交的单元格地址。为了表示不同工作表中的单元格，还可以在单元格地址的前面增加工作表名称，如 Sheet1！A1，Sheet2！C4 等。

二、Excel 2010 窗口的组成

启动 Excel 后，其操作界面如图 2-1 所示。

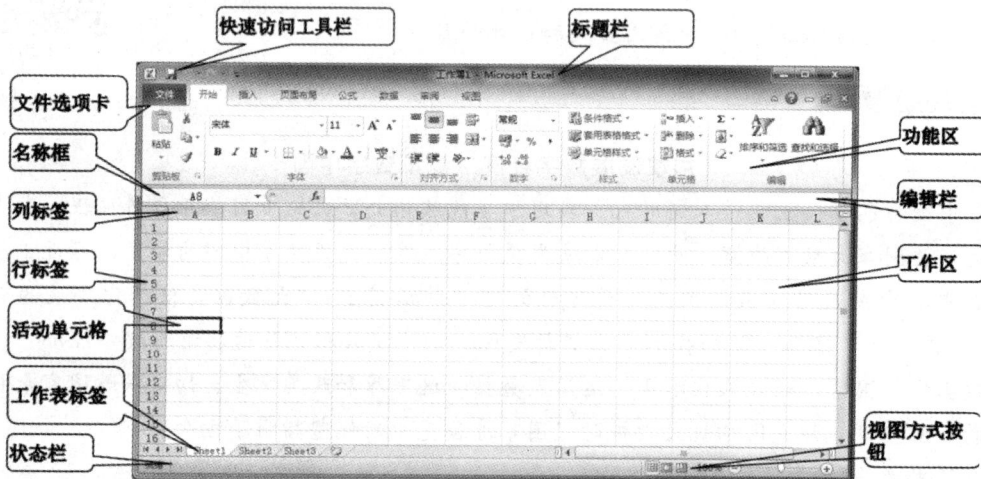

图 2-1　Excel 2010 界面构成

Excel 窗口是 Excel 的基本界面，对 Excel 的所有操作都将在这里实现。它由应用程序窗口和工作簿窗口组成。

1.功能区

功能区由选项卡、选项组和一些命令按钮组成，默认显示的选项卡有开始、插入、页面布局、公式、数据、审阅和视图。默认打开的是"开始"选项卡，在该选项卡下包括：剪贴板、字体、对齐方式、数字、样式、单元格、编辑等选项组。各个选项组中的命令组合在一起可以完成各种任务。

2.活动单元格

当用鼠标单击任意一个单元格后，该单元格即成为活动单元格，也称为当前单元格。此时，该单元格周围出现黑色的粗线方框。通常在启动 Excel 应用程序后，默认活动单元格为 A1。

3.名称框与编辑栏

名称框可随时显示当前活动单元格的名称。

编辑栏可同步显示当前活动单元格中的具体内容，如果单元格中输入的是公式，则即使最终的单元格中显示的是公式的计算结果，在编辑栏中也仍然会显示具体的公式内容。另外，有时单元格中的内容较长，无法在单元格中完整显示，单击该单元格后，在编辑栏中可看到完整的内容。

4.工作表行标签和列标签

工作表的行标签和列标签表明了行和列的位置，并由行列的交叉决定了单元格的位置。

5.工作表标签

默认情况下，Excel在新建一个工作簿后会自动创建 3 个空白的工作表并使用默认名称Sheet1、Sheet2、Sheet3。

三、工作簿

1.工作簿的新建

① 启动 Excel 2010后，程序默认会新建一个空白的工作簿，这个工作簿以 Book1.xlsx 命名，用户可以在对该文件保存时更改默认的工作簿名称。

② 若 Excel 已启动，单击"文件"选项卡中的"新建"命令，在右侧打开的任务窗格中"可用模板"下选择"空白工作簿"，单击"创建"按钮，即可创建一个新的空白工作簿。在该窗格中还有多种灵活地创建工作簿的方式，如"根据现有内容新建"、使用 Office.com 的在线模板创建工作簿等。在 Excel 窗口中按"Ctrl+N"组合键或单击"快速访问工具栏"中的"新建"按钮也可创建一个新的空白的工作簿。

③ 在某个文件夹内的空白处单击鼠标右键，在弹出的快捷菜单中选择"新建"命令，在出现的级联菜单中选择"Microsoft Excel 工作表"命令，也可新建一个 Excel 文档。

2.工作簿的打开和保存

（1）工作簿的打开

从"资源管理器"中找到要打开的 Excel 文档后双击可直接打开该文档。

在 Excel 窗口中，单击"快速访问工具栏"中的"打开"按钮，可弹出"打开"对话框，从中选择要打开的文件，然后单击"打开"按钮，即可打开该文件。

（2）工作簿的保存与另存

单击"快速访问工具栏"中的"保存"按钮，或选择"文件"选项卡中的"保存"命令，或按"Ctrl+S"组合键，都可以对已打开并编辑过的工作簿进行随时保存。

如果是新建的工作簿，则执行上述任意一种操作后，均打开"另存为"对话框，在该对话框中指定保存文件的路径和文件名，然后单击"保存"按钮即可对新建工作簿进行保存。

对于已经打开的工作簿文件，如果要重命名保存或更改保存位置，则只需选择"文件"选项卡中的"另存为"命令，在打开的"另存为"对话框中，指定保存文件的路径和新的文件名，然后单击"保存"按钮即可对工作簿进行重新保存。

（3）设置工作簿的默认保存位置

选择"文件"选项卡中的"选项"命令，打开如图 2-2 所示的"Excel 选项"对话框，在左侧窗格中选择"保存"，在打开的右侧窗格的"默认文件位置"文本框中输入合适的目录路径，再单击"确定"按钮，即可完成默认保存位置的设定。

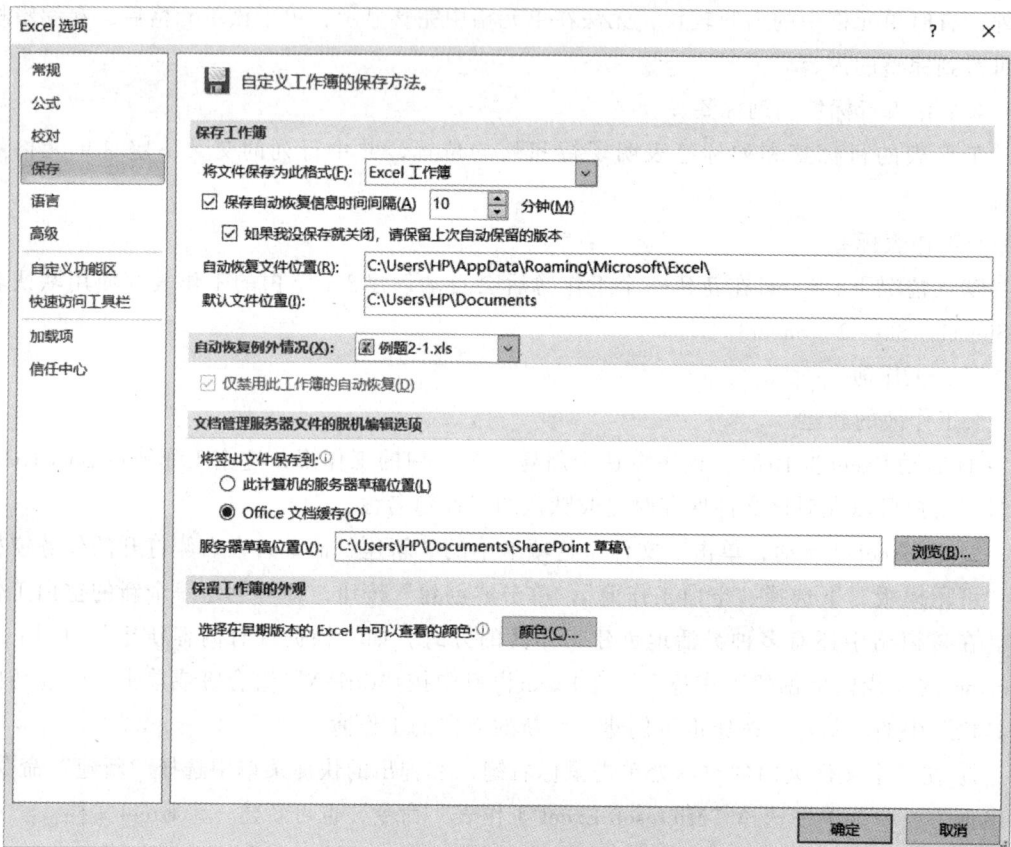

图 2-2　"Excel 选项"对话框

第二节　数据编辑

一、数据输入

在 Excel 中，可以为单元格输入两种类型的数据：常量和公式。常量是指没有以"="开头的单元格数据，包括数字、文字、日期、时间等。数据输入时只要选中需要输入数据的单元格，然后输入数据并按"Enter"键或"Tab"键即可。

（1）数字的输入

在 Excel 中直接输入 0，1，2，…，9 等 10 个数字及 +、-、*、/、.、$、% 等，在默认的"常规"格式下，将作为数值来处理。为避免将输入的分数当作日期，应在分数前冠以 0 加一个空格"0 "，如 0 2/3。在单元格中输入数值时，所有数字在单元格中均右对齐。如果要改变其对齐方式，可以选择"开始"选项卡中的"对齐方式"组中的相应命令按钮进行设置。

（2）文本的输入

在Excel中，如果输入非数字字符或汉字，则在默认的"常规"格式下，将作为文本来处理，所有文本均左对齐。

若文本是由一串数字组成的，如学号之类的数据，输入时可使用以下方法之一：

① 在该串数字的前面加一个半角单撇号，如单元格内容为093011，则需要输入"′093011"。

② 先设置相应单元格为"文本"格式，再输入数据。单元格格式的设置如图2-3所示。

图2-3　"设置单元格格式"对话框

（3）日期与时间的输入

在一个单元格中输入日期时，可使用斜杠（/）或连字符（-），如"年-月-日""年/月/日"等，默认状态下，日期和时间项在单元格中右对齐。

（4）有规律的数据输入

①鼠标左键拖动输入序列数据

在单元格中输入某个数据后，用鼠标左键按住填充柄向下或向右拖动（当然也可以向上或向左拖动），则鼠标经过的单元格中就会以原单元格中相同的数据填充。

按住"Ctrl"键的同时，按住鼠标左键拖动填充柄进行填充，如果原单元格中的内容是数值，则Excel会自动以递增的方式进行填充；如果原单元格中的内容是普通文本，则Excel只会在拖动的目标单元格中复制原单元格里的内容。

②鼠标右键拖动输入序列数据

单击用来填充的原单元格，按住鼠标右键拖动填充柄，拖动经过若干单元格后放开鼠标右键，在弹出的快捷菜单中会列出多种填充方式。

③使用填充命令填充数据

选择"开始"选项卡，在"编辑"选项组中单击"填充"命令按钮，此时会打开下拉列表，从该列表中可选择不同的命令，有"向下""向右""向上""向左"以及"系列"等，如果选择列表中的"系列"命令，则打开"序列"对话框。

二、工作表的格式设置

在"开始"选项卡下的"单元格"组中单击"格式"按钮，在弹出下拉列表中选择"设置单元格格式"命令，或选中单元格后右击，并在弹出的快捷菜单中选择"设置单元格格式"命令，均可打开"设置单元格格式"对话框，如图2-4所示。

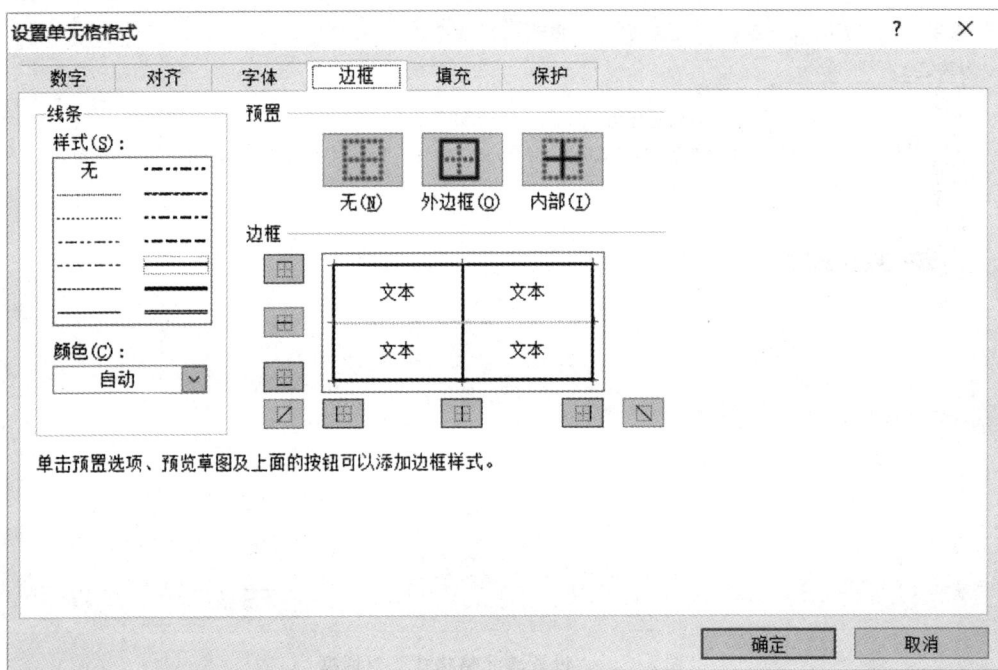

图2-4　"设置单元格格式"对话框

（1）数据的格式化

"数字"选项卡用于设置单元格中数字的数据格式。

（2）单元格内容的对齐

"对齐"选项卡用于设置单元格中文字的对齐方式、旋转方向及各种文本控制。

（3）单元格字体的设置

"字体"选项卡用于对字体、字形、字号、颜色及一些特殊效果进行设置。

（4）表格边框的设置

"边框"选项卡中的"边框"用于设置边框线。在"样式"中列出了Excel提供的各种样式的线型，还可通过"颜色"下拉列表框选择边框的色彩。

（5）底纹的设置

在"填充"选项卡中的"背景色"列表框中可以选择背景颜色，还可在"图案颜色"

和"图案样式"下拉列表框中选择底纹图案。

第三节 公式和函数

公式是 Excel 的核心，由单元格内的一系列数值（或能够代表数值的单元格、单元格的区域名称）、运算符和工作表函数组成。运用公式，可以进行数学运算（如加、减、乘、除等）和逻辑判断（如真与假）以及完成工作表数据比较与文本合并等操作。

一、公式和语法

1.算术运算符和比较运算符

运算符包括算术运算符（见表2-1），比较运算符（见表2-2）。

表2-1   算术运算符

运算符号	含义	运算符号	含义	运算符号	含义
+	加	–	减	*	乘
/	除	%	百分号	^	乘方

表2-2   比较运算符

运算符号	含义	运算符号	含义	运算符号	含义
>	大于	>=	大于等于	<	小于
<=	小于等于	=	等于	<>	不等于

引用运算符用于对单元格的引用操作，有"冒号"、"逗号"和"空格"。

":"为区域运算符，如C2：C10是对单元格C2～C10（包括C2和C10）的所有单元格的引用。

","为联合运算符，可将多个引用合并为一个引用，如SUM（B5，C2：C10）是对B5及C2～C10（包括C2和C10）的所有单元格求和。

空格为交叉运算符，产生对同时隶属于两个引用的单元格区域的引用，如SUM（B5：E10 C2：D8）是对C5：D8区域求和。

2.公式的输入

公式的输入必须以"="开始，例如：

=152*23   常量运算，152乘以23。

=B4*12–D2   使用单元格地址，B4的值乘以12再减去D2的值。

=SUM（C2：C10）   使用函数，对C2～C10单元格的值求和。

在输入公式时要注意以下两点：

① 无论任何公式，必须以等号（即"="）开头，否则 Excel 会把输入的公式作为一般文本处理。

② 公式中的运算符号必须是半角符号。

3.公式的引用

（1）相对地址引用

当把一个含有单元格地址的公式复制到一个新位置时，公式中的单元格地址也会随之改变，这样的引用称为相对地址引用。例如"=E2+F2+G2"。

（2）绝对地址引用

把公式复制或填入一个新位置时，公式中的固定单元格地址保持不变，这样的引用称为绝对地址引用。在 Excel 中，是通过对单元格地址的冻结来达到此目的的，即在列标和行标前面加上"$"符号。例如"=$E$2+$F$2+$G$2"。

（3）混合地址引用

混合地址引用是指在一个单元格地址引用中，既有绝对地址引用，同时也包含相对地址引用。例如，单元格地址"$C3"表示保持"列"不发生变化，但"行"会随着新的拖动（复制）位置的变化而发生变化；而单元格地址"C$3"则表示保持"行"不发生变化，但"列"会随着新的位置而发生变化。即在单元格中的行标或列标前只添加一个"$"符号，"$"符号后面的行标或列标在拖动（复制）过程中不会发生变化。

二、函数

1.常用函数

Excel 提供了丰富的函数功能，包括常用数学函数（见表2-3）、常用统计函数（见表2-4）、常用文本函数（见表2-5）、常用逻辑函数（见表2-6），帮助用户进行复杂与繁琐的计算或处理。

表2-3　　　　　　　　　　　　常用数学函数

函数	意义	举例
ABS	返回指定数值的绝对值	ABS（-8）=8
INT	求数值型数据的整数部分	INT（3.6）=3
ROUND	按指定的位数对数值进行四舍五入	ROUND（12.3456，2）=12.35
SIGN	返回指定数值的符号，正数返回1，负数返回-1	SIGN（-5）=-1
PRODUCT	计算所有参数的乘积	PRODUCT（1.5，2）=3
SUM	对指定单元格区域中的单元求和	SUM（E2：G2）=233
SUMIF	按指定条件对若干单元格求和	SUMIF（G2：G11，">=80"）=410
SQRT	返回数值的平方根	SQRT（9）=3

表2-4　　　　　　　　　　　　常用统计函数

函数	意义	举例
AVERAGE	计算参数的算术平均值	AVERAGE（E2：G2）=77.7
COUNT	对指定单元格区域内的数字单元格计数	COUNT（F2：F11）=10
COUNTA	对指定单元格区域内的非空单元格计数	COUNTA（B2：B31）=30
COUNTIF	计算某个区域中满足条件的单元格数目	COUNTIF（G2：G11，"<60"）=1

续表

函数	意义	举例
FREQUENCY	统计一组数据在各个数值区间的分布情况	FREQUENCY（G2：G31，F34：F37）
MAX	对指定单元格区域中的单元格取最大值	MAX（G2：G31）=94
MIN	对指定单元格区域中的单元格取最小值	MIN（G2：FG31）=55
RANK.EQ	返回一个数字在数字列表中的排位	RANK.EQ（I2，I2：I31）=7
HARMEAN	返回一组正数的调和平均数	HARMEAN（B2：B4）=2.68
GEOMEAN	返回一组正数数组或数值区域的几何平均数	GEOMEAN（B2：B5）=94.95
MODE	返回一组数据或数据区域中的众数	MODE（1，2，2）=2
MEDIAN	返回一组数的中位数	MEDIAN（1，3，4）=3
VAR.P	计算基于给定的样本总体的方差	VAR.P（B2：B6）=1.04
NORM.S.INV	返回标准正态分布的区间点	NORM.S.INV（0.05/2）=-1.96
NORMSDIST	返回指定平均值和标准方差的正态累积分布函数值	NORMSDIST（3.33）=0.9996
TINV	返回给定自由度和双尾概率的t分布的区间点	TINV（0.05，15）=2.13
T.INV	返回t分布的左尾区间点	T.INV（0.05，50-1）=-1.68
T.INV.2T	返回t分布的双尾区间点	T.INV.2T（0.05，15）=2.13
T.DIST.RT	返回右尾t分布	T.DIST.RT（2.42，50-1）=0.0096
CHISQ.INV.RT	返回具有给定概率的右尾χ^2分布的区间点	CHISQ.INV.RT（0.025，10-1）=19.02
CHISQ.INV	返回具有给定概率的左尾χ^2分布的区间点	CHISQ.INV（0.025，10-1）=2.7
CHISQ.DIST.RT	返回χ^2分布的右尾概率	CHISQ.DIST.RT（10，10-1）=0.35
CORREL	返回两组数值的相关系数	CORREL（B2：B13，C2：C13）=0.95
CONFIDENCE.NORM	使用正态分布，返回总体平均值的置信区间	CONFIDENCE.NORM（0.05，0.74，200）=0.10
STDEV.S	估算基于给定样本的标准偏差	STDEV.S（A2：B19）=7.77
FINV	返回（右尾）F概率分布的逆函数值	FINV（0.05，24，24）=1.98

表2-5　　　　　　　　　　　　　　常用文本函数

函数	意义	举例
LEFT	返回指定字符串左边的指定长度的子字符串	LEFT（D2，2）=数学
LEN	返回文本字符串的字符个数	LEN（D2）=5
MID	从字符串中的指定位置起返回指定长度的子字符串	MID（D2，1，2）=数学
RIGHT	返回指定字符串右边的指定长度的子字符串	RIGHT（D2，3）=091
TRIM	去除指定字符串的首尾空格	TRIM（" Hello "）=Hello

表2-6　　　　　　　　　　　　　　　　　常用逻辑函数

函数	意义	举例
AND	逻辑与	AND（E2>=60，E2<=80）=TRUE
IF	根据条件真假返回不同结果	IF（E2>=60，"及格"，"不及格"）=及格
NOT	逻辑非	NOT（E2>=60，E2<=80）=FALSE
OR	逻辑或	OR（E2<60，E2>90）=FALSE

2.函数的使用

① 直接在单元格中输入函数公式。

② 利用函数向导，引导建立函数运算公式。

③ 利用"自动求和"按钮快速求得函数结果。

3.函数举例

（1）条件函数IF

语法格式：IF（logical_test，value_if_true，value_if_false）。

功能：当 logical_test 表达式的结果为"真"时，value_if_true 的值作为 IF 函数的返回值，否则，value_if_false 的值作为 IF 函数的返回值。

说明：logical_test 为条件表达式，其中可使用比较运算符，如>，>=，=或<>等。value_if_true 为条件成立时所取的值，value_if_false 为条件不成立时所取的值。

例如：IF（G2>=60，"及格"，"不及格"），表示当 G2 单元格的值大于等于60时，函数返回值为"及格"，否则为"不及格"。

（2）条件计数函数COUNTIF

语法格式：COUNTIF（range，criteria）。

功能：返回 range 表示的区域中满足条件 criteria 的单元格的个数。

说明：range 为单元格区域，在此区域中进行条件测试。criteria 为用双引号括起来的比较条件表达式，也可以是一个数值常量或单元格地址。

例如，在"学生成绩表"中统计成绩等级为"中"的学生人数，可使用如下公式：

=COUNTIF（J2：J31，"中"）

若要统计计算机成绩≥80的学生人数，可使用如下所示的公式：

=COUNTIF（G2：G31，">=80"）

（3）频率分布统计函数FREQUENCY

语法格式：FREQUENCY（data_array，bins_array）。

功能：计算一组数据在各个数值区间的分布情况。

说明：data_array 为要统计的数据（数组）；bins_array 为统计的间距数据（数组）。若 bins_array 指定的参数为 A1，A2，A3，…，An，则其统计的区间为 $X \leqslant A1$，$A1 < X \leqslant A2$，…，$An-1 < X \leqslant An$，$X > An$，共n+1个区间。

例如，若要在"学生成绩表"中分别统计计算机成绩≤59，59<成绩≤69，69<成绩≤79，79<成绩≤89，成绩>89的学生人数，具体步骤为：

在一个空白区域（如F34：F38）输入区间分割数据（59，69，79，89）；

选择作为统计结果的数组输出区域，如G34：G38；

输入函数=FREQUENCY（G2：G31，F34：F37）；

按下"Ctrl+Shift+Enter"组合键。

（4）统计排位函数RANK.EQ

格式：RANK.EQ（number，ref，［order］）。

功能：返回一个数字在数字列表中的排位。

说明：number表示需要找到排位的数字，ref表示对数字列表的引用，order为数字排位的方式。如果order为0（零）或省略，对数字的排位是基于ref按照降序排列的列表；如果order不为0，则是基于ref按照升序排列的列表。

例如，若要对学生成绩表按照平均分进行排名，具体步骤为：

在K2单元格中输入函数"=RANK.EQ（I2，\$I&2：\$I\$31）"，按回车键后，该单元格显示7。

选中K2单元格，用鼠标拖动K2单元格右下角的填充柄，即可将K2单元格的函数复制到对应的其他单元格。

三、公式和函数运算常见错误及分析

在使用公式和函数计算数据的过程中，容易犯一些错误。此处将主要介绍在Excel中使用公式和函数时的常见错误及处理方法。

（1）错误值：######

原因：如果工作表的单元格无法完全显示数据，即列不够宽，或者使用了负日期或时间，会出现#####错误，如图2-5所示。

	A	B
1	员工编号	工资
2	001	30000
3	002	30000
4	003	30000
5	004	30000
6	005	30000
7	006	30000
8	007	50000
9	008	50000
10	009	50000
11	010	80000
12	011	80000
13	总计	#########

图2-5　单元格无法完全显示数据

解决方法：增加列宽或者缩小内容以适合列宽。

（2）错误值：#DIV/0!

原因：①输入的公式中包含明显的除数为0，如"4/0"。

②公式中的除数使用了指向空单元格或包含零值单元格的单元格引用（如图 2-6 所示）。

	A	B	C	D
1	月份	天数	月工资	日工资
2	1	31	10000	323
3	2	28	10000	357
4	3	31	10000	323
5	4	30	10000	333
6	5	31	10000	323
7	6	30	10000	333
8	7	31	50000	1613
9	8	31	50000	1613
10	9	30	50000	1667
11	10	31	70000	2258
12	11	0	7000	#DIV/0!
13	12	31	70000	2258

图 2-6   除数为零的引用

解决方法：修改引用的空白单元格，或在作为除数的单元格中输入不为零的值即可。

（3）错误值：#NAME？

原因：①在公式中输入文本时没有使用双引号，如图 2-7 所示。

G7 f_x =IF(B4=女,"是","否")

	A	B	C	D	E	F	G
1	姓名	性别	高数	计算机	没有加双引号		
2	王薇	女	75	68			
3	黎明	男	46	58		姓名	是否为女性
4	赵良	男	65	76		王薇	是
5	王晓燕	女	53	63		黎明	否
6	张福海	男	66	67		赵良	否
7	卓飞	女	68	97		王晓燕	#NAME?
8	总计	–	#NAME?	429			

图 2-7   文本没有使用双引号

②函数名拼写错误，如图 2-8 所示。

C8 f_x =SUn(C2:C7)

	A	B	C	D
1	姓名	性别	高数	计算机
2	王薇	女	75	68
3	黎明	男	46	58
4	赵良	男	65	76
5	王晓燕	女	53	63
6	张福海	男	66	67
7	卓飞	女	68	97
8	总计	–	#NAME?	429

图 2-8   函数名拼写错误

（4）错误值：#VALUE！

原因：在需要数字或逻辑值时输入了文本，如图2-9所示，Excel不能将文本转换为正确数据类型。

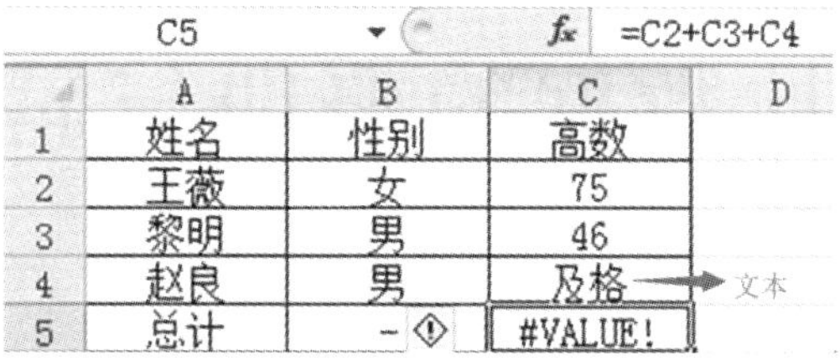

图2-9　公式中数据类型错误

解决方法：确认函数所需的运算符或参数正确，并且公式引用的单元格中包含有效的数值。

（5）错误值：#REF！

原因：删除了公式中引用的单元格或将要移动的单元格粘贴到了由其他公式引用的单元格中，另外，如果在引用某个程序而该程序并未启动时，也会出现此信息。

解决方法：检查函数或公式中引用的单元格是否被删除，或者启动相应的应用程序。

（6）错误值：#NUM

原因：①由公式产生的数字太大或太小，Excel不能表示。

②在需要数字参数的函数中使用了非数字参数。

解决方法：用户在计算过程中如果能够首先检查数字是否会超出相应的限定区域，并确认函数内使用的参数都是正确的，就可以避免出现此类错误。

（7）错误值：#NULL

原因：在公式的两个区域中加入了空格从而求交叉区域，但实际上这两个区域无重叠。

解决方法：如果要引用两个并不交叉的区域，应该使用联合运算符，即逗号；如果确实需要使用交叉运算符，用户需重新选择函数或公式中的区域引用，并保证两个区域有交叉。

练习题

1.如何在Excel工作表一行或一列中生成等差数列或等比数列？

2.Excel中公式和函数运算常见的错误有哪些？

统计数据的整理与显示

实验目的

使学生掌握数据整理的方法及表达方式，从而具备分析问题、解决问题的能力。

实验要求

1. 熟悉数据录入的有效性检验、数据的筛选与排序。
2. 熟练掌握统计分组的方法。
3. 熟练掌握各种图形的制作及应用场合。

统计数据的
整理与显示

寓德于教

成绩斐然 有理有据①

党的二十大报告中总结了自党的十八大以来我国取得的一系列举世瞩目的成绩，诸如"国内生产总值从五十四万亿元增长到一百一十四万亿元，我国经济总量占世界经济的比重达百分之十八点五，提高七点二个百分点，稳居世界第二位；人均国内生产总值从三万九千八百元增加到八万一千元。谷物总产量稳居世界首位，十四亿多人的粮食安全、能源安全得到有效保障"等。

请思考：

简短精练的成绩总结的背后是数以万计的原始数据。面对如此大量的数据，我们该如何高效地整理数据，如何将原始数据进一步处理加工成我们所需要的数据呢？

第一节 利用Excel进行统计数据的排序

利用Excel进行数据的排序是以数据清单中一个或几个字段为关键字，对整个数据清单的行或列重新进行排列。排序时，Excel将利用指定的排序顺序重新排列行、列或各单元格。对于数字型字段，排序按数值的大小进行；对于字符型字段，排序按ASCⅡ码大小进行；中文字段按拼音或笔画进行。通过排序，可以清楚地反映数据之间的大小关系，从而使数据的规则性更加简洁地表现出来。

【例3-1】某班级一个组学生期末考试成绩见表3-1，请按某一课程成绩排序。

---

① 习近平. 高举中国特色社会主义伟大旗帜 为全面建设社会主义现代化国家而团结奋斗——在中国共产党第二十次全国代表大会上的报告［EB/OL］.［2022-10-16］. https://www.gov.cn/xinwen/2022-10/25/content_5721685.htm.

表 3-1　　　　　　　　　　　　某班学生期末考试成绩　　　　　　　　　　　　单位：分

学号	姓名	性别	统计	高数	计算机	英语	总分
001	王薇	男	78	75	68	54	275
002	黎明	男	89	86	58	65	298
003	赵良	女	92	65	76	78	311
004	王晓燕	女	56	53	63	63	235
005	张福海	男	80	66	47	76	269
006	卓飞	男	96	68	97	68	329
007	柳丽	女	52	65	84	93	294
008	郑中恒	女	77	76	89	58	300
009	任中兴	男	52	59	77	76	264
010	邓辉	男	63	74	58	67	262
011	张志远	女	82	83	65	79	309
012	刘明明	女	89	83	89	87	348
013	林海峰	男	89	88	79	90	346
014	石一鸣	男	90	90	90	58	328

具体操作步骤如下：

（1）将表 3-1 中的数据复制到 Excel 工作表中。

（2）对课程成绩按单字段排序。直接点击数据菜单，点击升序排序按钮"A↓"或降序排序按钮"Z↓"即可。比如对英语成绩排序，只要单击该字段下任一单元格，或单击该字段的列标，再单击升序排序按钮或降序排序按钮，就可完成英语课程成绩字段的升序排序或降序排序。

需要说明的是：当单击的是字段下某一单元格时，直接点击工具栏上的升序排序按钮或降序排序按钮即可完成排序工作；而当单击的是该字段的列标时，点击工具栏上的升序排序按钮或降序排序按钮后会跳出一个"排序提醒"对话框（如图 3-1 所示），不用理会，直接单击"排序"按钮，也可完成排列工作（如图 3-2 所示）。

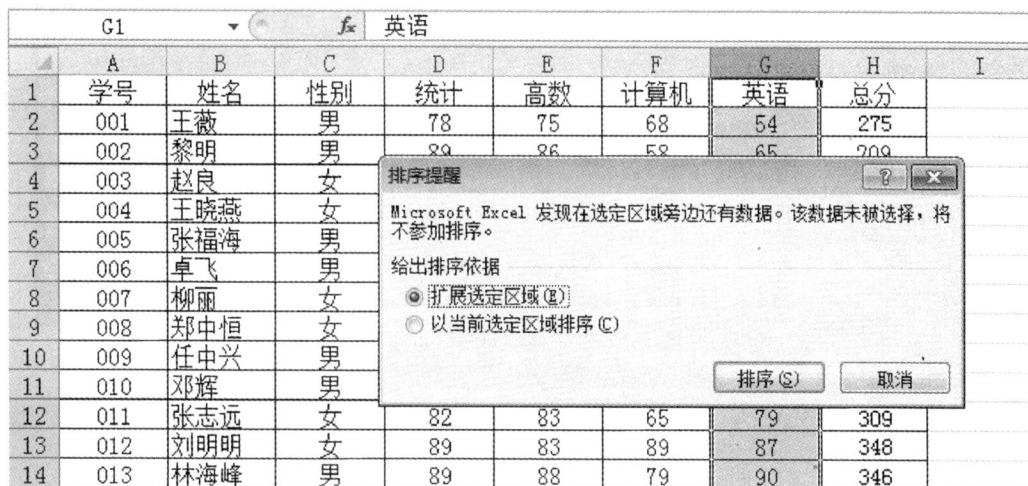

图 3-1　选择列标时"排序提醒"对话框

G1 f_x 英语

	A	B	C	D	E	F	G	H
1	学号	姓名	性别	统计	高数	计算机	英语	总分
2	001	王薇	男	78	75	68	54	275
3	008	郑中恒	女	77	76	89	58	298
4	004	王晓燕	女	56	53	63	63	311
5	002	黎明	男	89	86	58	65	235
6	010	邓辉	男	63	74	58	67	269
7	006	卓飞	男	96	68	97	68	329
8	005	张福海	男	80	66	47	76	294
9	009	任中兴	男	52	59	77	76	300
10	003	赵良	女	92	65	76	78	264
11	011	张志远	女	82	83	65	79	262
12	012	刘明明	女	89	83	89	87	309
13	013	林海峰	男	89	88	79	90	348
14	007	柳丽	女	52	65	84	93	346

图3-2   对英语成绩按升序排序的结果

（3）对该组学生课程成绩排序也可按多字段方式排序。具体操作步骤如下：

①单击英语字段下任一单元格。

②单击菜单栏上的"数据"中的"排序"选项，弹出"排序"对话框。

③"排序"对话框的"主要关键字"中点开下拉按钮"▾"，在下拉列表中选择"英语"；点击" 添加条件(A) "，增加关键字，在"次要关键字"中点开下拉按钮"▾"，在下拉列表中选择"高数"；在第三关键字中点开下拉按钮"▾"，在下拉列表中选择"统计"；在右边的"次序"中都选择"降序"，如图3-3所示。

图3-3   多字段"排序"对话框

④单击"确定"按钮，即可得到排序结果。

如果进一步设置，还可单击"排序"对话框中的"选项"按钮，在弹出的"排序选项"对话框（如图3-4所示）中进行详细设置。

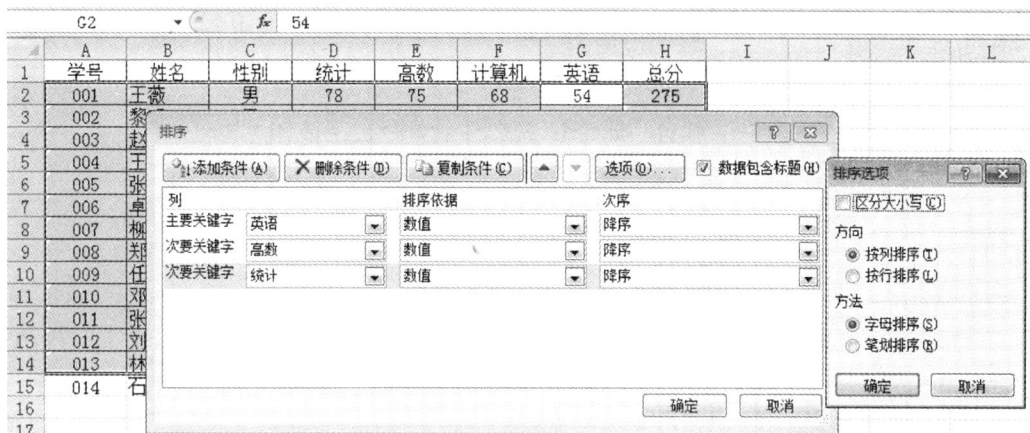

图3-4　"排序选项"对话框

第二节　利用Excel进行统计数据的筛选

利用Excel进行数据筛选，可以把符合要求的数据集中在一起，把不符合要求的数据隐藏起来。数据的筛选包括自动筛选和高级筛选两项功能。

一、自动筛选

自动筛选是一种快速的筛选方法，可以方便地将满足条件的数据显示在工作表上，将不满足条件的数据隐藏起来。

如要进行自动筛选，只要单击想自动筛选字段下某一单元格，如要对英语成绩进行自动筛选，则只需选定英语成绩字段下某一单元格，点击菜单栏"数据"中的"筛选"即可，点击后的结果如图3-5所示。

	A 学号	B 姓名	C 性别	D 统计	E 高数	F 计算机	G 英语	H 总分
1	学号	姓名	性别	统计	高数	计算机	英语	总分
2	001	王薇	男	78	75	68	54	275
3	002	黎明	男	89	86	58	65	298
4	003	赵良	女	92	65	76	78	311
5	004	王晓燕	女	56	53	63	63	235
6	005	张福海	男	80	66	47	76	269
7	006	卓飞	男	96	68	97	68	329
8	007	柳丽	女	52	65	84	93	294
9	008	郑中恒	女	77	76	89	58	300
10	009	任中兴	男	52	59	77	76	264
11	010	邓辉	男	63	74	58	67	262
12	011	张志远	女	82	83	65	79	309
13	012	刘明明	女	89	83	89	87	348
14	013	林海峰	男	89	88	79	90	346

图3-5　打开"自动筛选"功能

在出现的"自动筛选"界面下，点开下拉按钮"▼"，在自动筛选的下拉列表中点击"数字筛选"，会显示出等于、不等于、10个最大的值、自定义筛选等多种方式，如图3-6所示。

图3-6　"数字筛选"对话框

下面以10个最大的值和自定义筛选为例进行说明。

1.10个最大值的筛选

点击"数字筛选"中的"10个最大的值"选项，出现"自动筛选前10个"对话框，如图3-7所示。系统默认是10项，也可以根据需要，随意确定前几项的个数。比如，英语成绩中只需列出前5名，则选定英语成绩字段下某一单元格，在"自动筛选前10个"对话框中输入"5"（如图3-8所示），点击"确定"按钮即可（如图3-9所示）。

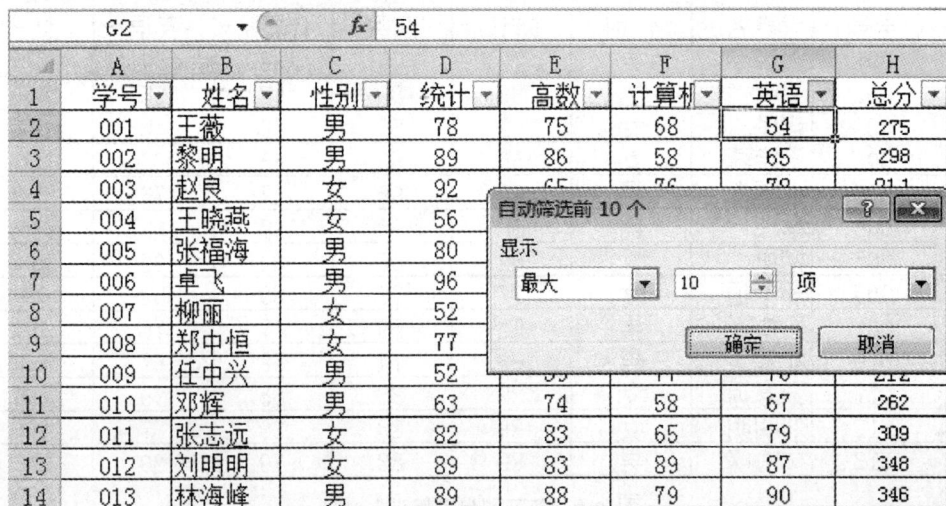

图3-7　"自动筛选前10个"对话框

	G2				f_x	54		

	A	B	C	D	E	F	G	H
1	学号	姓名	性别	统计	高数	计算机	英语	总分
2	001	王薇	男	78	75	68	54	275
3	002	黎明	男	89	86	58	65	298
4	003	赵良	女	92	65	76	78	310
5	004	王晓燕	女	56				
6	005	张福海	男	80				
7	006	卓飞	男	96				
8	007	柳丽	女	52				
9	008	郑中恒	女	77				
10	009	任中兴	男	52	55	77	76	212
11	010	邓辉	男	63	74	58	67	262
12	011	张志远	女	82	83	65	79	309
13	012	刘明明	女	89	83	89	87	348
14	013	林海峰	男	89	88	79	90	346

自动筛选前 10 个

显示

最大　5　项

确定　取消

图 3-8　自动筛选英语成绩前 5 名

	A	B	C	D	E	F	G	H
1	学号	姓名	性别	统计	高数	计算机	英语	总分
4	003	赵良	女	92	65	76	78	311
8	007	柳丽	女	52	65	84	93	294
12	011	张志远	女	82	83	65	79	309
13	012	刘明明	女	89	83	89	87	348
14	013	林海峰	男	89	88	79	90	346

图 3-9　前 5 个排序结果示意图

2.自定义筛选

点开下拉按钮"▼"，在下拉列表中选择"数字筛选"选项，在出现的列表中选择"自定义筛选"，出现"自定义自动筛选方式"对话框（如图 3-10 所示）。

	A	B	C	D	E	F	G	H	I	J
1	学号	姓名	性别	统计	高数	计算机	英语	总分		
2	001	王薇	男	78	75	68	54	275		
3	002									
4	003									
5	004									
6	005									
7	006									
8	007									
9	008									
10	009									
11	010									
12	011									
13	012									
14	013	林海峰	男	89	88	79	90	346		

自定义自动筛选方式

显示行：
英语

等于

● 与(A) ○ 或(O)

可用 ? 代表单个字符
用 * 代表任意多个字符

确定　取消

图 3-10　"自定义自动筛选方式"对话框

在"自定义自动筛选方式"对话框中，可以设置两组筛选条件。第一组筛选条件由关系运算符构成条件表达式，其中左侧运算符有"等于""不等于""大于""大于或等于""小于""小于或等于""开头是""开头不是""结尾是""结尾不是""包含""不包含"

等。在对话框右侧，可以按下拉按钮选择值，也可以直接键入数据。两组条件之间可以是"与"或者是"或"的关系。

二、高级筛选

高级筛选是一种可以满足指定条件的筛选方法。

【例 3-2】以【例 3-1】为例，查找英语成绩不及格、统计成绩高于 80 的同学。

具体操作步骤如下：

（1）设定条件区域。将单元格 A1：H1 的内容复制到 A18：H18 的单元格，在单元格 D19，G19 中分别输入">80"和"<60"，如图 3-11 所示。A1：H15 为数据清单区域，A18：H19 为条件区域，一般用一空行将两区域分隔开。条件区域第一行为字段名，第二行及以下各行为条件值。同一行条件之间为"与"的关系，不同行条件之间为"或"的关系，可采用的条件符号有">""<""≥""≤"。

	A	B	C	D	E	F	G	H
1	学号	姓名	性别	统计	高数	计算机	英语	总分
2	001	王薇	男	78	75	68	54	275
3	002	黎明	男	89	86	58	65	298
4	003	赵良	女	92	65	76	78	311
5	004	王晓燕	女	56	53	63	63	235
6	005	张福海	男	80	66	47	76	269
7	006	卓飞	男	96	68	97	68	329
8	007	柳丽	女	52	65	84	93	294
9	008	郑中恒	女	77	76	89	58	300
10	009	任中兴	男	52	59	77	76	264
11	010	邓辉	男	63	74	58	67	262
12	011	张志远	女	82	83	65	79	309
13	012	刘明明	女	89	83	89	87	348
14	013	林海峰	男	89	88	79	90	346
15	014	石一鸣	男	90	90	90	58	328
16								
17								
18	学号	姓名	性别	统计	高数	计算机	英语	总分
19				>80			<60	

图 3-11　数据清单区域与条件区域

（2）单击数据清单中任一单元格，如 D2，打开菜单栏中的"数据"，在"筛选"项下选择"高级筛选"，打开"高级筛选"对话框。在"列表区域"中输入"$A$1：$H$15"，在"条件区域"中输入"$A$18：$H$19"，如图 3-12 所示。

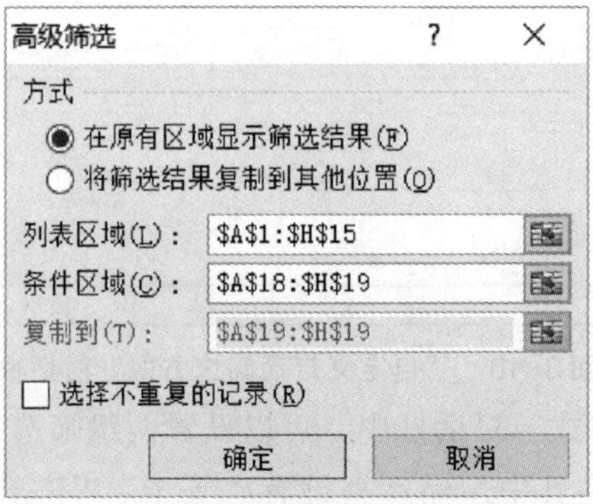

图 3-12　"高级筛选"对话框

（3）单击"确定"按钮，显示筛选结果，如图3-13所示。

	A	B	C	D	E	F	G	H
1	学号	姓名	性别	统计	高数	计算机	英语	总分
15	014	石一鸣	男	90	90	90	58	328
16								
17								
18	学号	姓名	性别	统计	高数	计算机	英语	总分
19				>80			<60	

图3-13　高级筛选结果

（4）如果想将筛选的结果复制到其他位置，可以在"高级筛选"对话框中的"方式"选项下选择"将筛选结果复制到其他位置"，激活"条件区域"下的"复制到"选项，输入指定区域左上角的单元格行列号，再单击"确定"按钮即可。

如果对重复记录不想全部显示，可以选中对话框中的"选择不重复的记录"复选框，则如果有重复记录，就只显示一条。

若要退出高级筛选，可在"数据"菜单中再次选择"筛选"—"全部显示"命令，即可恢复原来的数据清单。

第三节　利用Excel进行统计分组

用Excel进行统计分组和编制频数分布表有两种方法：一是函数法；二是利用"直方图"工具。

一、函数法

在Excel中利用函数进行统计分组和编制频数分布表可利用COUNTIF（）和FREQUENCY（）等函数，但要根据变量值的类型不同而选择不同的函数。当分组标志是品质标志时应使用COUNTIF（）函数；当分组标志是数量标志时应使用FREQUENCY（）函数。

1.COUNTIF（）函数

COUNTIF（）函数的语法构成是：COUNTIF（区域，条件）。具体使用方法举例如下。

【例3-3】已知某学院某系某毕业班学生共有30人，他们的毕业就业情况见表3-2，试用Excel编制此调查数据的频数分布表。

表3-2　　　　　　　　　　　　　**某毕业班学生毕业就业情况表**

学生编号	性别	年龄	工作单位	学生编号	性别	年龄	工作单位
1	男	24	事业单位	16	男	23	企业
2	男	21	企业	17	男	23	国家机关
3	女	22	事业单位	18	女	19	企业
4	女	23	事业单位	19	男	22	事业单位
5	男	21	企业	20	女	22	企业

续表

学生编号	性别	年龄	工作单位	学生编号	性别	年龄	工作单位
6	男	21	企业	21	男	22	企业
7	女	22	国家机关	22	女	20	自主创业
8	女	20	企业	23	男	20	企业
9	男	23	事业单位	24	女	23	企业
10	女	23	企业	25	女	23	企业
11	女	24	企业	26	男	24	事业单位
12	男	21	企业	27	女	21	企业
13	女	23	企业	28	男	20	国家机关
14	男	23	事业单位	29	女	20	企业
15	女	20	企业	30	男	21	企业

具体操作步骤如下：

（1）将上述资料输入 Excel 工作表；在单元格 D2 中输入"工作单位"，在 E2 中输入"学生人数"，在 D3：D6 区域中依次输入"国家机关""事业单位""企业""自主创业"，表示分组方式，同时这也可以表示分组组限。

（2）选择单元格 E3 至 E6 区域，在"公式"菜单中选择"插入函数"，或直接单击编辑栏中的按钮 f_x，打开"插入函数"对话框；在"或选择类别"列表框中选择"统计"，在"选择函数"列表框中选择"COUNTIF"，如图 3-14 所示。

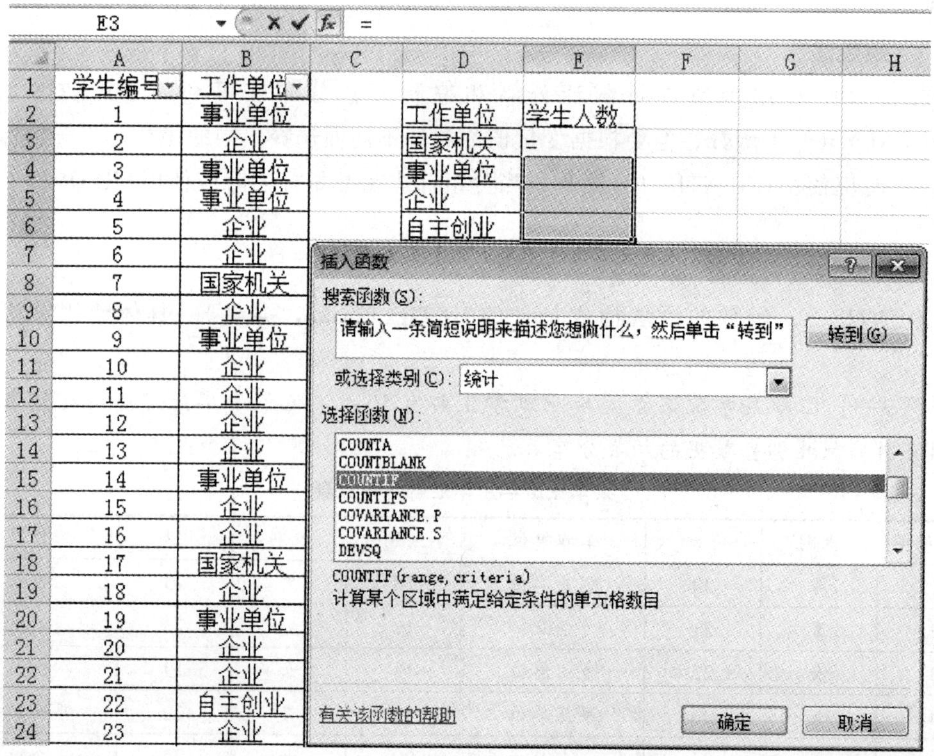

图 3-14　"插入函数"对话框

（3）单击"确定"按钮，弹出"函数参数"对话框。在数据区域"Range"中输入单元格B2：B31，在数据接受区间"Criteria"中输入单元格D3：D6，如图3-15所示。

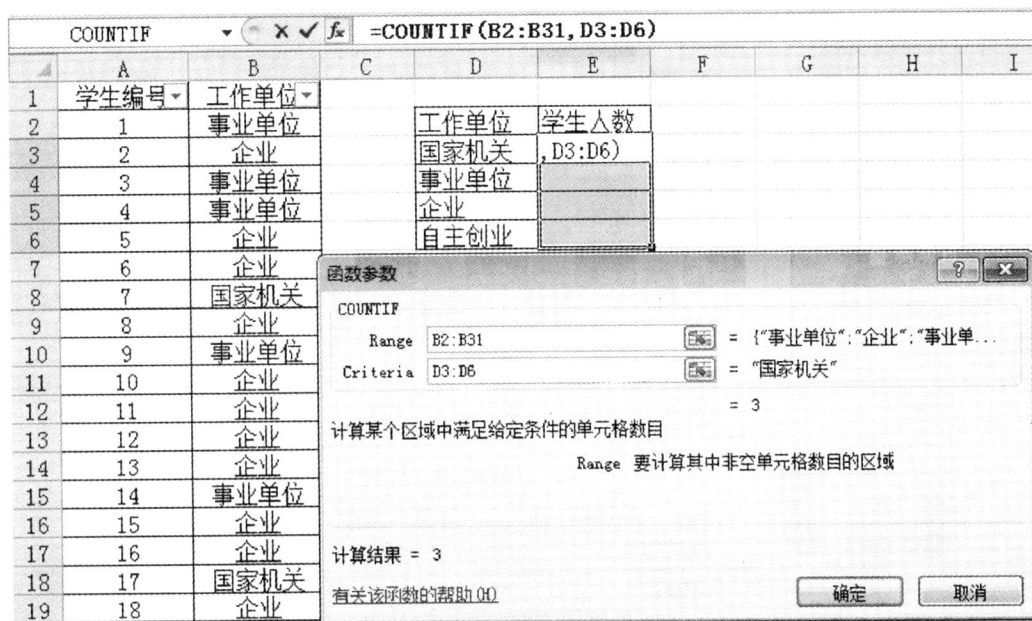

图 3-15　"函数参数"对话框

（4）由于频数分布是数组操作，所以，此处不能直接单击"确定"按钮，而应按"Ctrl+Shift"组合键，同时按回车键，得到频数分布，如图3-16所示。

图 3-16　频数分布结果

2.FREQUENCY（）函数

频数分布函数FREQUENCY（）是指可以对一列垂直数组返回某个区域中数据的频数分布。其语法形式为：FREQUENCY（data_array，bins_array）

其中：data_array为用来编制频数分布的数据，bins_array为频数或次数的接收区间。

具体使用方法举例如下。

【例3-4】已知某班50名学生统计成绩见表3-3。请用Excel编制此调查数据的频数分布表。

表 3-3　　　　　　　　　　某班学生统计成绩表　　　　　　　　　　单位：分

学号	成绩	学号	成绩
1101	78	1126	75
1102	89	1127	84
1103	92	1128	77
1104	66	1129	66
1105	80	1130	90
1106	52	1131	73
1107	77	1132	78
1108	96	1133	84
1109	63	1134	66
1110	82	1135	59
1111	80	1136	63
1112	75	1137	80
1113	48	1138	90
1114	74	1139	74
1115	63	1140	66
1116	71	1141	81
1117	88	1142	70
1118	90	1143	66
1119	67	1144	74
1120	71	1145	82
1121	88	1146	75
1122	56	1147	80
1123	60	1148	81
1124	72	1149	66
1125	55	1150	78

具体操作步骤如下：

（1）将上述资料输入 Excel 工作表；在单元格 D2 中输入"分组"，在 E2 中输入"分组组限"，在单元格 F2 中输入"频数"；在 D3：D7 区域中依次输入"60 以下""60～70""70～80""80～90""90～100"，表示分组方式，但是这还不能作为频数接收区间；在 E3：E7 区域中依次输入"59"，"69"，"79"，"89"，"100"，表示分组组限，作为频数接收区间，它们分别表明 60 分以下的人数，60 分以上、70 分以下的人数等，这与前列分组方式是一致的。

（2）选择单元格 F3 至 F7 区域，在"公式"菜单中选择"插入函数"，或直接单击编辑栏中的按钮 f，打开"插入函数"对话框；在"或选择类别"列表框中选择"统计"，在"选择函数"列表框中选择"FREQUENCY"，如图3-17所示。

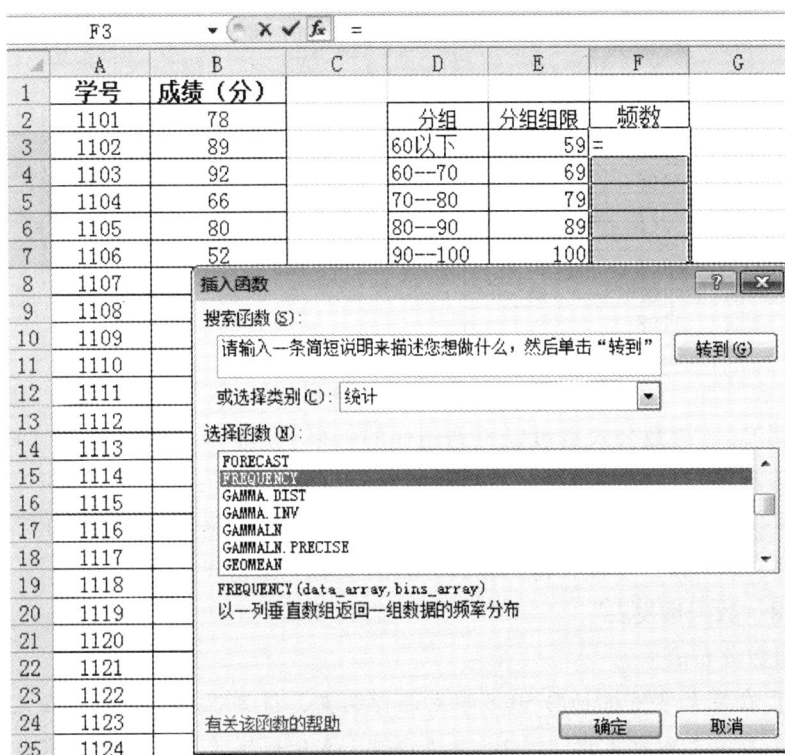

图3-17　"插入函数"对话框

（3）单击"确定"按钮，弹出"函数参数"对话框。在数据区域"Data_array"中输入单元格"B2：B51"，在数据接受区间"Bins_array"中输入单元格"E3：E7"，在对话窗口中可以看到其相应的频数是5，11，16，13，5，如图3-18所示。

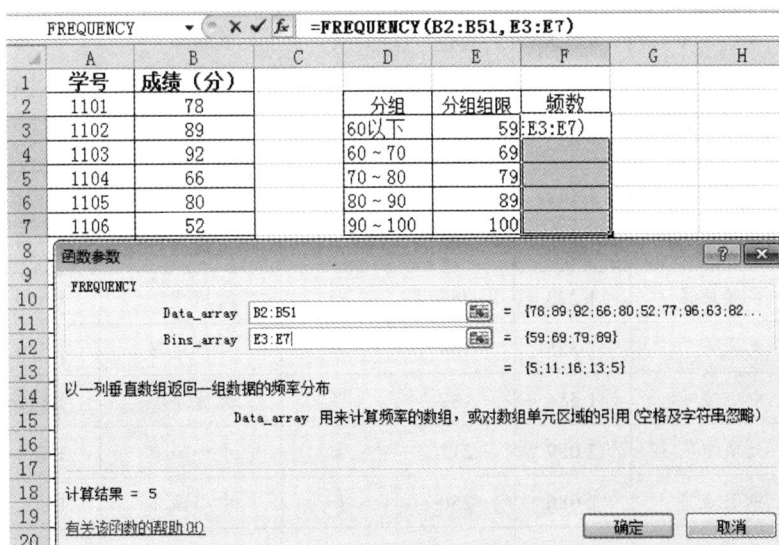

图3-18　"函数参数"对话框

（4）由于频数分布是数组操作，所以，此处不能直接单击"确定"按钮，而应按"Ctrl+Shift"组合键，同时按回车键，得到频数分布，如图3-19所示。

	F3			fx	{=FREQUENCY(B2:B51,E3:E6)}	
	A	B	C	D	E	F
1	学号	成绩（分）				
2	1101	78		分组	分组组限	频数
3	1102	89		60以下	59	5
4	1103	92		60～70	69	11
5	1104	66		70～80	79	16
6	1105	80		80～90	89	13
7	1106	52		90～100	100	5
8	1107	77				
9	1108	96				
10	1109	63				

图3-19　频数分布结果

直接利用Excel函数公式也可以得到同样的结果。用鼠标选定单元格"F3：F7"，注意不要释放选定区域。在F3单元格中输入频数分布函数公式：=FREQUENCY（B2：B51，E3：E7）。在这个公式中，数据区域为"B2：B51"，接收区间为"E3：E7"，按"Ctrl+Shift"组合键，同时按回车键，得到频数分布结果与上面相同。

二、利用"数据透视表"

1.简单频数分布表

【例3-5】在某大学随机抽取50名学生进行调查，得到性别、家庭所在地、月生活费支出（元）和月网上购物支出（元），见表3-4。请分别制作学生性别和家庭所在地的简单频数分布表。

表3-4　　　　　　　　　　　　50名学生的调查数据　　　　　　　　　　　　单位：元

性别	家庭所在地	月生活费支出	月网上购物支出	性别	家庭所在地	月生活费支出	月网上购物支出
男	中小城市	1 526	247	女	大城市	1 622	109
女	乡镇地区	1 846	210	女	中小城市	1 490	183
男	中小城市	2 052	218	男	中小城市	1 355	161
女	乡镇地区	1 142	107	女	乡镇地区	1 471	180
男	中小城市	1 666	190	女	大城市	1 777	178
男	乡镇地区	1 223	253	女	大城市	1 569	303
男	大城市	1 325	169	女	乡镇地区	1 529	221
女	中小城市	1 584	182	男	大城市	1 422	155
女	大城市	2 089	212	女	中小城市	1 486	244
男	中小城市	2 086	250	女	中小城市	1 802	250
男	大城市	1 932	212	男	乡镇地区	1 485	161

续表

性别	家庭 所在地	月生活费 支出	月网上购 物支出	性别	家庭 所在地	月生活费 支出	月网上购 物支出
女	乡镇地区	1 856	227	男	中小城市	726	140
男	乡镇地区	1 456	202	男	大城市	1 495	146
男	大城市	1 773	187	男	中小城市	1 104	291
女	乡镇地区	1 472	211	女	大城市	1 801	209
男	乡镇地区	1 633	162	女	乡镇地区	1 044	263
男	乡镇地区	1 318	177	男	乡镇地区	1 004	210
男	中小城市	1 811	185	女	中小城市	1 237	234
男	大城市	1 459	202	女	大城市	1 522	260
女	中小城市	851	183	女	大城市	1 169	214
男	大城市	1 450	239	女	大城市	1 556	243
女	大城市	1 365	316	女	中小城市	1 410	88
女	大城市	1 871	188	女	乡镇地区	933	240
女	中小城市	1 411	228	男	乡镇地区	1 562	108
男	中小城市	1 390	150	男	中小城市	1 543	176

具体操作步骤如下：

（1）在"插入"菜单栏中选择"数据透视表"。

（2）在"表/区域"中选定数据区域（在操作前将光标放在任意数据单元格内，系统会自动选定数据区域）。选择放置数据透视表的位置。系统默认是新工作表，如果要将透视表放在现有工作表中，选择"现有工作表"，并在"位置"中点击工作表的任意单元格（不要覆盖数据）。"创建数据透视表"对话框如图3-20所示。

图3-20 "创建数据透视表"对话框

（3）点击"确定"，结果如图3-21所示。

	A	B	C	D	E	F	G	H
1	性别	家庭所在地	月生活费支出	月网上购物支出				
2	男	中小城市	1526	247				
3	女	乡镇地区	1846	210				
4	男	中小城市	2052	218				
5	女	乡镇地区	1142	107				
6	男	中小城市	1666	190				
7	男	乡镇地区	1223	253				
8	男	大城市	1325	169				
9	女	中小城市	1584	182				
10	女	大城市	2089	212				
11	男	中小城市	2086	250				
12	男	大城市	1932	212				
13	女	乡镇地区	1856	227				
14	男	乡镇地区	1456	202				
15	男	大城市	1773	187				
16	女	乡镇地区	1472	211				
17	男	乡镇地区	1633	162				
18	男	乡镇地区	1318	177				
19	男	中小城市	1811	185				
20	男	大城市	1459	202				

数据透视表1

在此区域内单击可使用数据透视表

图3-21　生成"数据透视表"

（4）用鼠标右键单击数据透视表，选择"数据透视表选项"，在弹出的对话框中点击"显示"并选中"经典数据透视表布局"，然后点击"确定"。结果如图3-22所示。

	A	B	C	D	E	F	G	H	I	J	K	L
1	性别	家庭所在地	月生活费支出	月网上购物支出								
2	男	中小城市	1526	247		将报表筛选字段拖至此处						
3	女	乡镇地区	1846	210								
4	男	中小城市	2052	218		将列字段拖至此处						
5	女	乡镇地区	1142	107								
6	男	中小城市	1666	190								
7	男	乡镇地区	1223	253		将行字段拖至此处						
8	男	大城市	1325	169								
9	女	中小城市	1584	182			将值字段拖至此处					
10	女	大城市	2089	212								
11	男	中小城市	2086	250								
12	男	大城市	1932	212								
13	女	乡镇地区	1856	227								
14	男	乡镇地区	1456	202								
15	男	大城市	1773	187								
16	女	乡镇地区	1472	211								
17	男	乡镇地区	1633	162								

图3-22　经典数据透视表布局

（5）将数据透视的一个字段拖至"行"的位置，将另一个字段拖至"列"的位置（行、列可以互换），再将要计数的变量拖至"值字段"位置，即可生成需要的频数分布表。

例如，将"性别"字段拖至"行标签"，同时将"性别"字段拖至"数值"，可形成学生性别的频数分布表，如图3-23所示。

	B	C	D	E	F	G
1	家庭所在地	月生活费支出	月网上购物支出			
2	中小城市	1526	247		将报表筛选字段拖至此处	
3	乡镇地区	1846	210			
4	中小城市	2052	218		计数项:性别	
5	乡镇地区	1142	107		性别	汇总
6	中小城市	1666	190		男	24
7	乡镇地区	1223	253		女	26
8	大城市	1325	169		总计	50
9	中小城市	1584	182			
10	大城市	2089	212			
11	中小城市	2086	250			
12	大城市	1932	212			
13	乡镇地区	1856	227			
14	乡镇地区	1456	202			
15	大城市	1773	187			
16	乡镇地区	1472	211			
17	乡镇地区	1633	162			
18	乡镇地区	1318	177			
19	中小城市	1811	185			
20	大城市	1459	202			
21	中小城市	851	183			

数据透视表字段列表

选择要添加到报表的字段:
- ☑ 性别
- ☐ 家庭所在地
- ☐ 月生活费支出
- ☐ 月网上购物支出

在以下区域间拖动字段:
- ▽ 报表筛选
- ▦ 列标签
- ▦ 行标签　　性别
- Σ 数值　　计数项...

图 3-23　学生性别的频数分布

又如，将"家庭所在地"字段拖至"行标签"，同时将"家庭所在地"字段拖至"数值"，可形成学生家庭所在地的频数分布表，如图 3-24 所示。

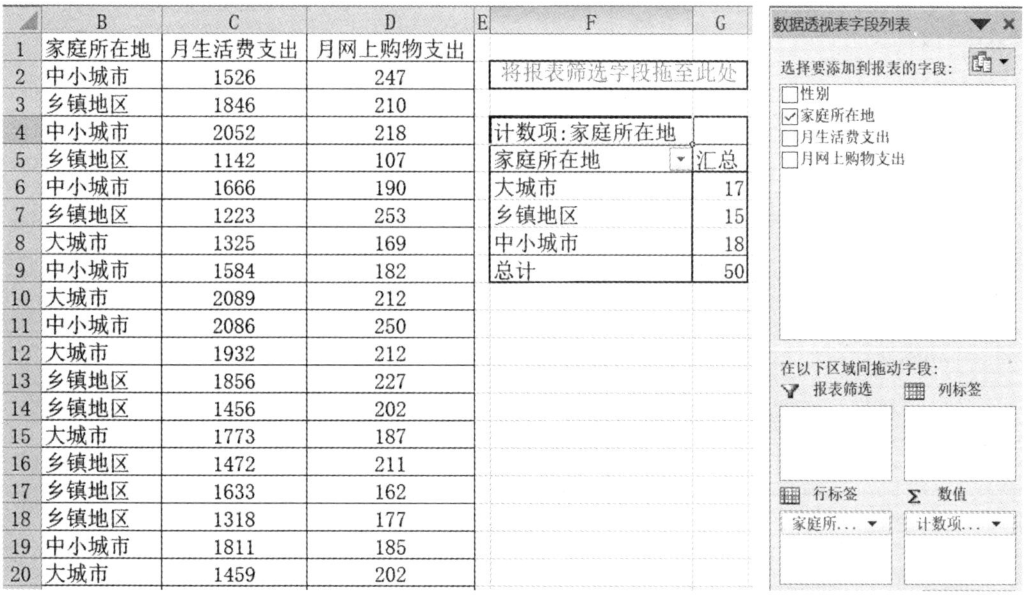

	B	C	D	E	F	G
1	家庭所在地	月生活费支出	月网上购物支出			
2	中小城市	1526	247		将报表筛选字段拖至此处	
3	乡镇地区	1846	210			
4	中小城市	2052	218		计数项:家庭所在地	
5	乡镇地区	1142	107		家庭所在地	汇总
6	中小城市	1666	190		大城市	17
7	乡镇地区	1223	253		乡镇地区	15
8	大城市	1325	169		中小城市	18
9	中小城市	1584	182		总计	50
10	大城市	2089	212			
11	中小城市	2086	250			
12	大城市	1932	212			
13	乡镇地区	1856	227			
14	乡镇地区	1456	202			
15	大城市	1773	187			
16	乡镇地区	1472	211			
17	乡镇地区	1633	162			
18	乡镇地区	1318	177			
19	中小城市	1811	185			
20	大城市	1459	202			

数据透视表字段列表

选择要添加到报表的字段:
- ☐ 性别
- ☑ 家庭所在地
- ☐ 月生活费支出
- ☐ 月网上购物支出

在以下区域间拖动字段:
- ▽ 报表筛选
- ▦ 列标签
- ▦ 行标签　　家庭所...
- Σ 数值　　计数项...

图 3-24　学生家庭所在地的频数分布

2.二维联列表

涉及两个类别变量时，通常将一个变量的各类别放在"行"的位置，另一个变量的各类别放在"列"的位置（行和列可以互换），由两个类别变量交叉分类形成的频数分布表称为列联表（contingency table），也称交叉表（crosstab）。例如，对于【例 3-5】的性别和家庭所在地两个变量，可以将家庭所在地放在行的位置，将性别放在列的位置，制作一个二维列联表。按上面的步骤可以得到列联表见表3-5。

表3-5　　　　　　　　学生性别和家庭所在地的二维列联表　　　　　　　　单位：人

计数项：家庭所在地	性别		
家庭所在地	男	女	总计
大城市	7	10	17
乡镇地区	7	8	15
中小城市	10	8	18
总计	24	26	50

表3-5的结果显示，在所调查的50名学生中，男性为24人，女性为26人。从家庭所在地看，来自中小城市的人数最多，为18人，来自大城市的人数次之，为17人，来自乡镇地区的人数最少，为15人。

3.类别数据的简单分析

如果一个数据集中除了类别变量还有数值变量，比如，表3-4中除了性别和家庭所在地两个类别变量，还有月生活费支出和月网上购物支出两个数值变量，可以利用Excel的数据透视表功能，对数值变量按类别变量的取值做分类汇总。在上文所示的操作步骤中，只需要将数值变量拖至"数值"位置，即可生成分类汇总表，结果见表3-6和表3-7。

表3-6　　　　　　按性别和家庭所在地分类汇总的学生月生活费支出　　　　　　单位：元

求和项：月生活费支出	性别		
家庭所在地	男	女	总计
大城市	10 856	16 341	27 197
乡镇地区	9 681	11 293	20 974
中小城市	15 259	11 271	26 530
总计	35 796	38 905	74 701

表3-7　　　　　　按性别和家庭所在地分类汇总的学生月网上购物支出　　　　　　单位：元

求和项：月网上购物支出	性别		
家庭所在地	男	女	总计
大城市	1 310	2 232	3 542
乡镇地区	1 273	1 659	2 932
中小城市	2 008	1 592	3 600
总计	4 591	5 483	10 074

此外，对应类别数据的频数分布表还可以使用比例（proportion）、百分比（percentage）、比率（ratio）等统计量进行描述。如果是有序类别数据，还可以计算累积百分比（cumulative percent）进行分析。

比例也称构成比，它是一个样本（或总体）中各类别的频数与全部频数之比，通常用于反映样本（或总体）的构成或结构。将比例乘以100得到的数值称为百分比，用"％"表示。比率是样本（或总体）中不同类别频数之间的比值，反映各类别之间的比较关系。由于比率不是部分与整体之间的对比关系，因而比值可能大于1。累积百分比则是将各有序类别的百分比逐级累加的结果。

例如，根据表3-4的数据计算的学生性别和家庭所在地构成的百分比见表3-8。

表3-8　　　　　　　　　　学生性别和家庭所在地构成的百分比

家庭所在地	男		女		总计	
	人数（人）	百分比（％）	人数（人）	百分比（％）	人数（人）	百分比（％）
大城市	7	29.17	10	38.46	17	34.00
乡镇地区	7	29.17	8	30.77	15	30.00
中小城市	10	41.67	8	30.77	18	36.00
总计	24	100.00	26	100.00	50	100.00

表3-8的结果显示，在所调查的50名学生中，大城市的人数占34％，乡镇地区的人数占30％，中小城市的人数占36％。男、女学生在不同家庭所在地的构成百分比分析由读者自己完成。

三、利用"直方图"工具

直方图分析工具是一个用于确定数据的频数分布、累计频数分布，并提供直方图的分析模块。它在给定工作表中数据单元格区域和接收区间的情况下，计算数据的频数和累积频数。

【例3-6】仍以表3-3"某班学生统计成绩表"为例，试编制此调查数据的频数分布表。

具体操作步骤如下：

（1）在"数据"菜单中，单击"数据分析"选项，弹出"数据分析"对话框，如图3-25所示。

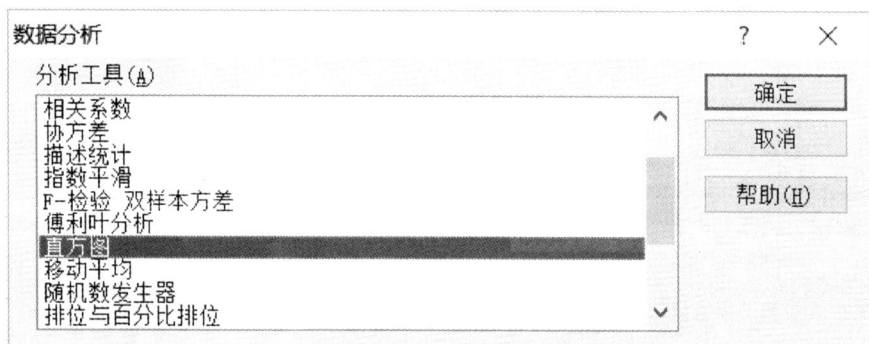

图3-25　"数据分析"对话框

注意：如果用户在 Excel 的"数据"菜单中没有找到"数据分析"选项，说明用户安装 Excel 不完整，必须在 Excel 中重新安装"分析工具库"的内容。具体安装方法参见实验一。

（2）在"分析工具"列表框中，单击"直方图"分析工具，则会弹出"直方图"对话框，如图 3-26 所示。

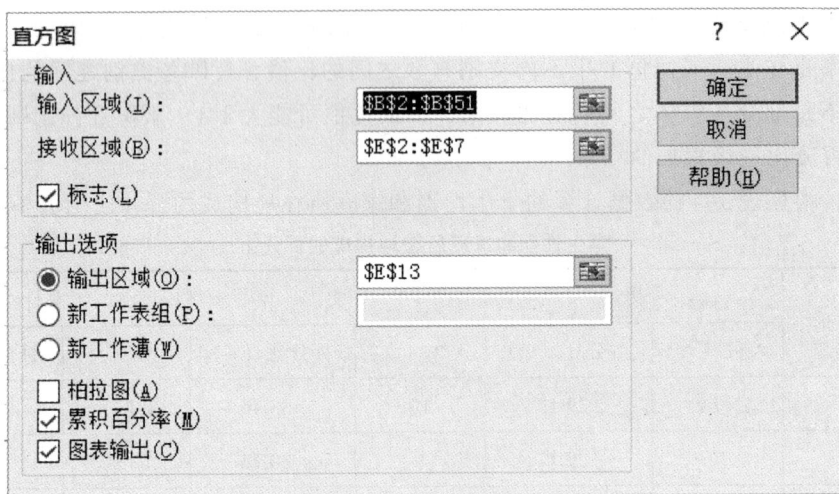

图 3-26   "直方图"对话框

（3）选择输入选项。

输入区域：在此输入待分析数据区域的单元格引用。

接收区域：表示分组标志所在的区域，在此输入接收区域的单元格引用，该区域应包含一组可选的用来定义接收区间的边界值，这些值应当按升序排列，如本例中的"分组组限"。关于这一点，与前面所讲的 FREQUENCY 函数一致。

在"输入区域"中，输入"$B$2：$B$51"；选好接收区域"$E$2：$E$7"。

（4）选择输出选项。

输出选项中可选择输出区域、新工作表组或新工作簿。在这里选择输出区域，可以直接选择一个区域，也可以直接输出一个单元格，该单元格代表输出区域的左上角，这里常常只输入一个单元格，如本例中输入 $E$13，因为我们往往事先并不知道具体的输出区域有多大。

（5）单击"确定"按钮，可得输出结果，如图 3-27 所示。

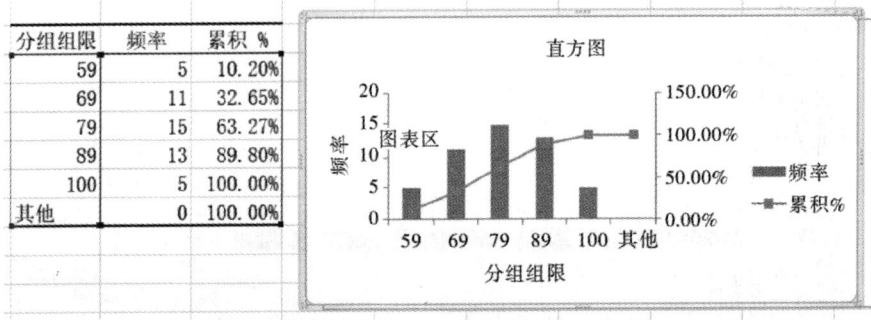

图 3-27   频数分布和直方图

注意：在默认的直方图中，柱形彼此分开，如果要将其连接起来，操作步骤如下：

①单击鼠标右键选择某个柱形，在弹出菜单中，选择"设置数据系列格式"选项，弹出"设置数据系列格式"对话框，如图3-28所示。

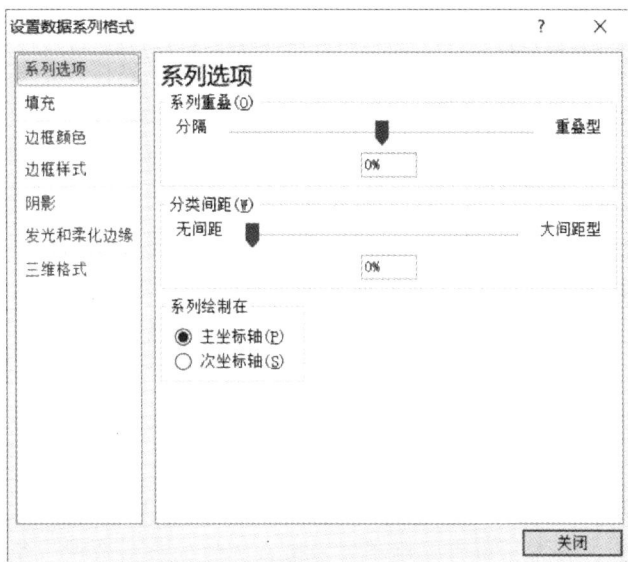

图3-28　"设置数据系列格式"对话框

②在对话框中选择"系列选项"标签，将"分类间距"调成无间距（0%），得到直方图如图3-29所示。

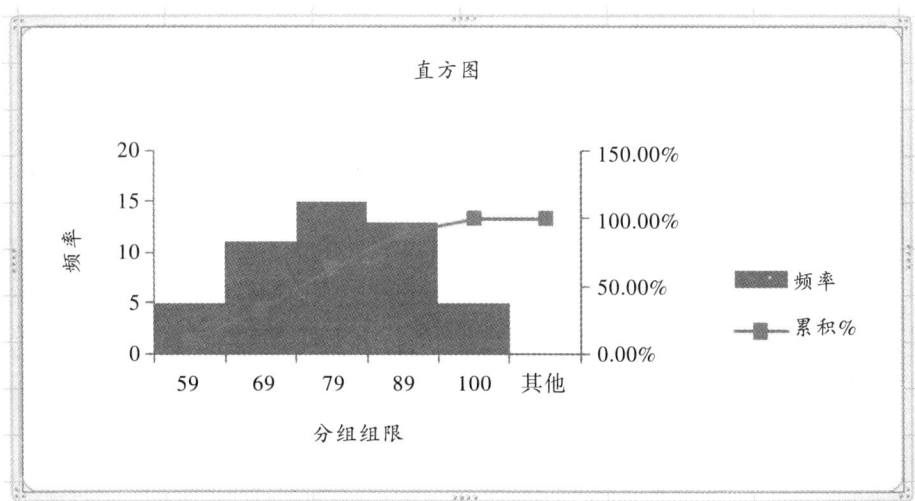

图3-29　调整后的直方图

第四节　数据可视化

在对数据作描述性分析时，通常会用到各种图形来展示数据。一张好的统计图表往往胜过冗长的文字描述。比如，对企业所有员工的工资画出直方图观察其分布情况，画出各年度 GDP 的时间序列图来观察其变化趋势，等等。将数据用图形展示出来就是数据可视化（data visualization）。

下面主要介绍类别数据和数值数据的可视化方法。

一、类别数据的可视化

对于类别数据，主要是关心各类别的绝对频数及频数百分比等信息；对于具有类别标签的其他数值（如各地区的 GDP 数据），则主要关心不同类别的其他数值的绝对值大小或百分比构成，这类数据可视化的基本图形主要有条形图和饼图及其变种。

类别数据可视化图形适用的数据类型包括：一个或多个类别变量（数据）的频数及其百分比；具有类别标签的其他数值数据的绝对值及其百分比。比如，画出男、女人数的条形图，这里的人数就是男或女这两个类别变量出现的频数；如果画出男、女平均收入的条形图，这里的平均收入并不是男或女这两个类别出现的频数，而是与这两个类别对应的其他数值。

在此介绍条形图与柱形图、折线图、饼图的绘制。

1.条形图及其变种图形的绘制

条形图（bar plot）是用一定长度和宽度的矩形表示各类别频数多少的图形，主要用于展示类别数据的频数分布，也可以用于展示带有标签的数值数据。绘制条形图时，各类别可以放在 x 轴（横轴），也可以放在 y 轴（纵轴）。类别放在 x 轴的条形图称为垂直条形图（vertical bar plot）或柱形图，类别放在 y 轴的条形图称为水平条形图（horizontal bar-plot）。根据绘制的变量多少，条形图有简单条形图、簇状条形图、堆积条形图、百分比条形图等不同形式。条形图的变种形式有帕累托图、瀑布图、漏斗图、树状图等。

（1）简单条形图和帕累托图

简单条形图是根据一个类别变量简单频数表或具有类别标签的其他数值绘制的，用于描述各类别的频数或其他数值的分布状况。各类别可以放在横轴，也可以放在纵轴。下面用一个例子说明条形图的绘制及其解读。

【例 3-7】已知山东省主要市 2018 年末人口情况资料（见表 3-9），请用 Excel 制作条形图。

表 3-9　　　　　　　　　　2018 年山东省各地区人口数及比重情况　　　　　　　　人口单位：万人

地区	年末总人口	比重
济南市	723.31	7.25%
青岛市	920.40	9.23%
淄博市	468.69	4.70%
枣庄市	391.56	3.93%
东营市	339.6	3.41%
烟台市	437.74	4.39%
潍坊市	463.68	4.65%

地区	年末总人口	比重
济宁市	571.02	5.73%
泰安市	578.47	5.80%
威海市	683.38	6.85%
日照市	779.11	7.81%
莱芜市	137.58	1.38%
临沂市	1 044.30	10.47%
德州市	579.23	5.81%
聊城市	603.68	6.05%
滨州市	389.10	3.90%
菏泽市	862.26	8.65%
合计	9 973.11	100.00%

具体操作步骤如下：

（1）首先把数据输入工作表中。选中某一单元格，单击"插入"菜单，选择"图表"选项，弹出"插入图表"对话框。在图表类型中选择柱形图，然后在子图表类型中选择一种类型，这里选用系统默认的类型，如图3-30所示。

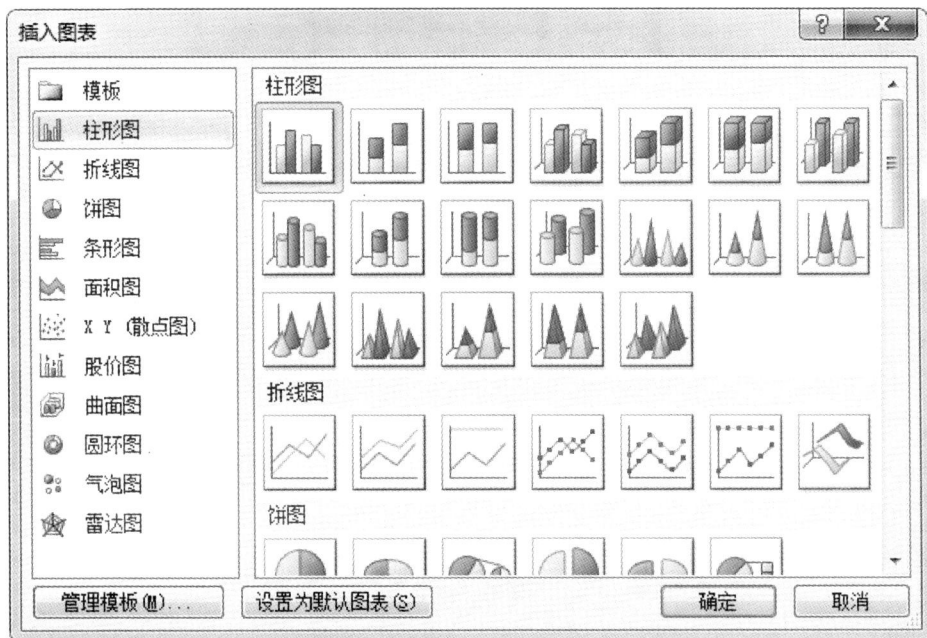

图3-30　柱形图的"插入图表"对话框

（2）在图表中单击鼠标右键，打开"选择数据源"对话框，在"图表数据区域"中填入数据所在区域，如图3-31所示。

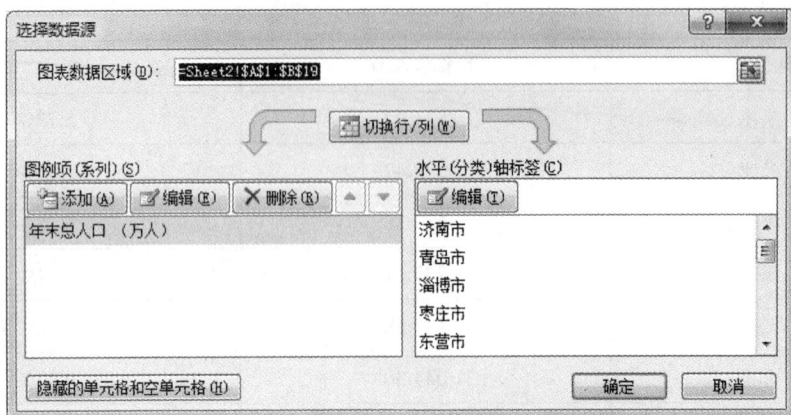

图 3-31　柱形图的"选择数据源"对话框

（3）点击顶部菜单栏上"布局"菜单，然后点击下方工具栏上的"图表标题"—"坐标轴标题"，即可修改标题信息以及标题的位置，如图 3-32 所示。

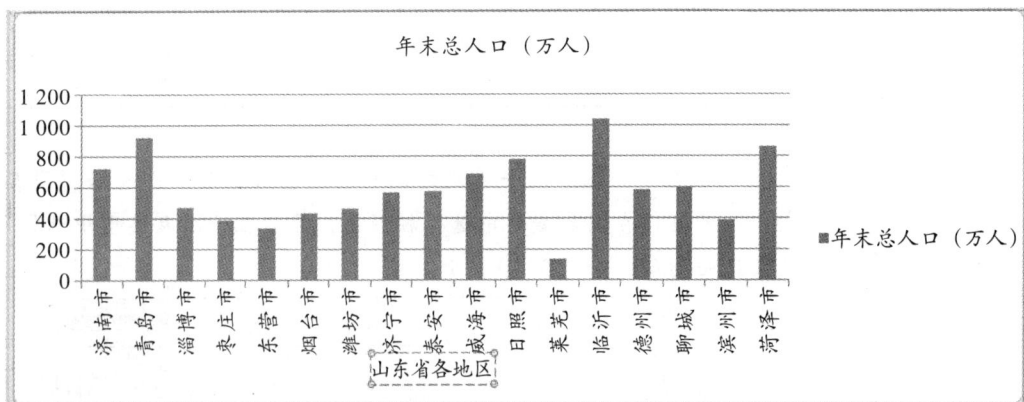

图 3-32　柱形图的"布局"设置

（4）鼠标右键单击"移动图表"命令，打开"移动图表"对话框，如图 3-33 所示。选好图表位置，单击"确定"，即可得到柱形图，如图 3-34 所示。

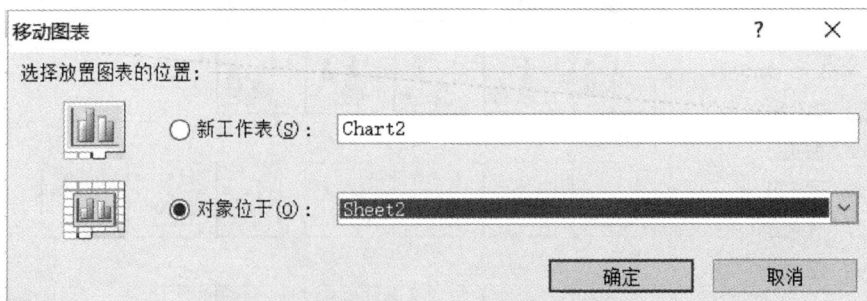

图 3-33　柱形图的"移动图表"对话框

　　帕累托图（Pareto plot）是将各类别的数值降序排列后绘制的条形图，该图是以意大利经济学家帕累托（V.Pareto）的名字命名的。帕累托图可以看作简单条形图的变种，利用该图很容易看出哪类频数出现得最多，哪类频数出现得最少。以【例 3-7】的年末总人口数为例，绘制的帕累托图如图 3-35 所示。

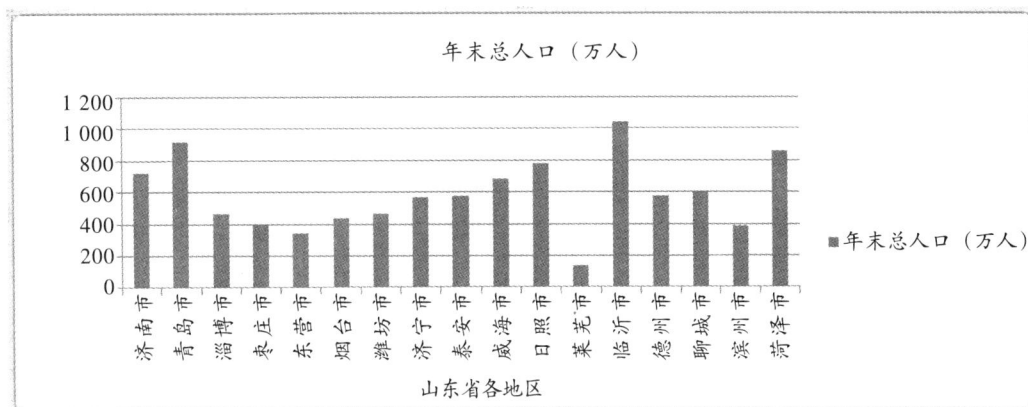

图3-34　2018年末山东省各地区人口数柱形图

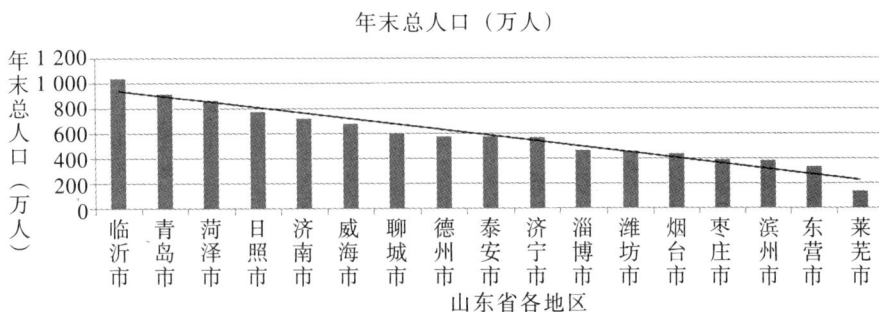

图3-35　2018年末山东省各地区人口数帕累托图

（2）瀑布图和漏斗图

除传统的简单条形图外，Excel还提供了瀑布图和漏斗图，它们可以视为简单条形图的变种形式。

瀑布图（waterfall chart）是由麦肯锡顾问公司独创的一种图形，因为形似瀑布流水而得名。瀑布图可看作条形图的一个变种，其界面与条形图十分形似，区别是条形图不反映局部与整体的关系，而瀑布图可以显示多个子类对总和的贡献，从而反映局部与整体的关系。比如，各个产业的增加值对GDP总额的贡献，不同地区的销售额对总销售额的贡献，等等。

【例3-8】为研究不同地区消费者对网上购物的满意度，随机抽取东部、中部、西部的1 000名消费者进行调查，得到的结果见表3-10，绘制不同满意度总人数的瀑布图和漏斗图。

表3-10　　　　　　　　不同地区消费者网上购物满意度数据　　　　　　　　单位：人

满意度	东部	中部	西部	总计
非常满意	82	93	83	258
比较满意	72	52	76	200
一般	137	120	91	348
不满意	51	35	37	123
非常不满意	28	25	18	71
总计	370	325	305	1 000

绘制不同满意度总人数的瀑布图，需要引入"辅助列"，使用辅助列数据和满意度的数据绘制堆积柱状图，然后再隐藏辅助列的柱状图部分。

具体操作步骤如下：

（1）数据整理。基于瀑布图的满意度数据整理如图3-36所示。

满意度	辅助列	人数	
非常满意	0	258	0=258-258
比较满意	258	200	258=458-200
一般	458	348	458=806-348
不满意	806	123	806=929-123
非常不满意	929	71	929=1 000-71
	0	1 000	

图3-36　基于瀑布图的满意度数据整理

（2）把数据输入工作表中。选中某一单元格，单击"插入"菜单，选择"图表"选项，弹出"插入图表"对话框。在图表类型中选择柱形图，然后在子图表类型中选择堆积柱形图，如图3-37所示。

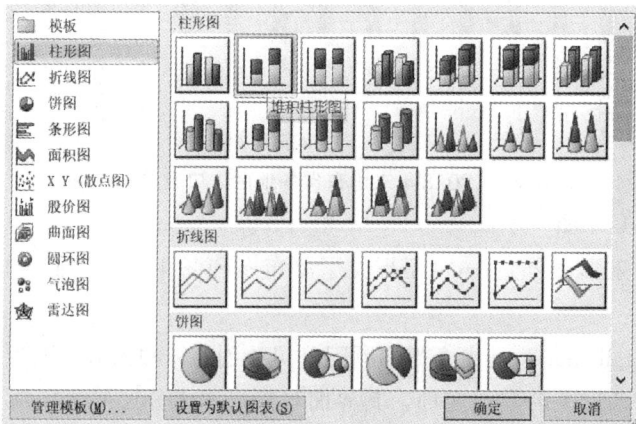

图3-37　柱形图的"插入图表"对话框

（3）在图表中单击鼠标右键，打开"选择数据源"对话框，在"图表数据区域"中填入数据所在区域，如图3-38所示。

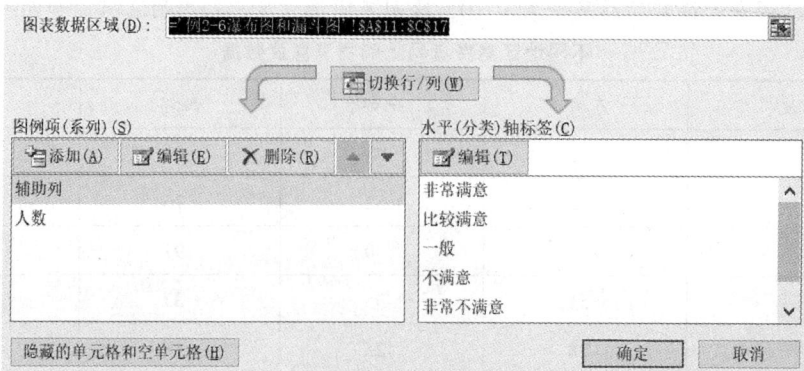

图3-38　堆积柱形图的"选择数据源"对话框

（4）点击"确定"，堆积柱形图如图3-39所示。

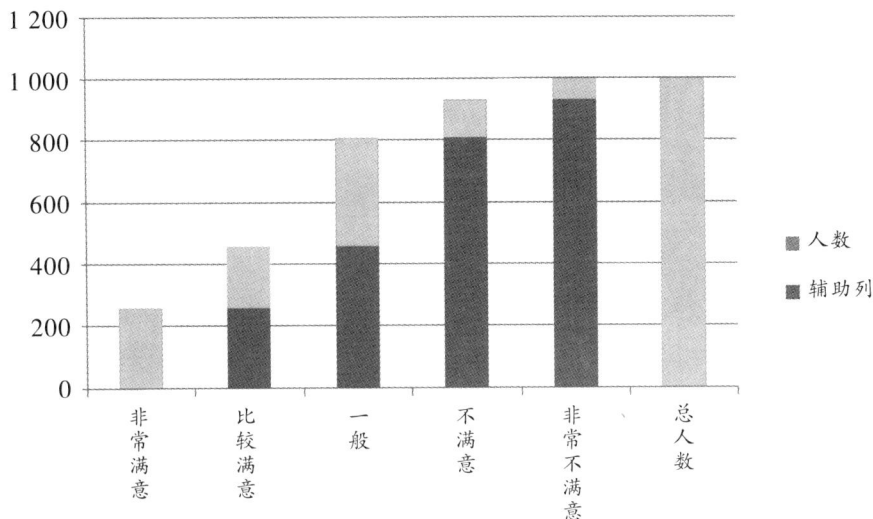

图3-39　堆积柱形图

（5）选择任一辅助列的柱子，单击鼠标右键，选择"设置数据系列格式"，在"填充"中选择"无填充"，"边框颜色"选择"无线条"，单击"关闭"按钮；删除"辅助列"图例；选择任一满意度的柱子，单击鼠标右键，选择"添加数据标签"。这样就完成了整个瀑布图的绘制。瀑布图如图3-40所示。

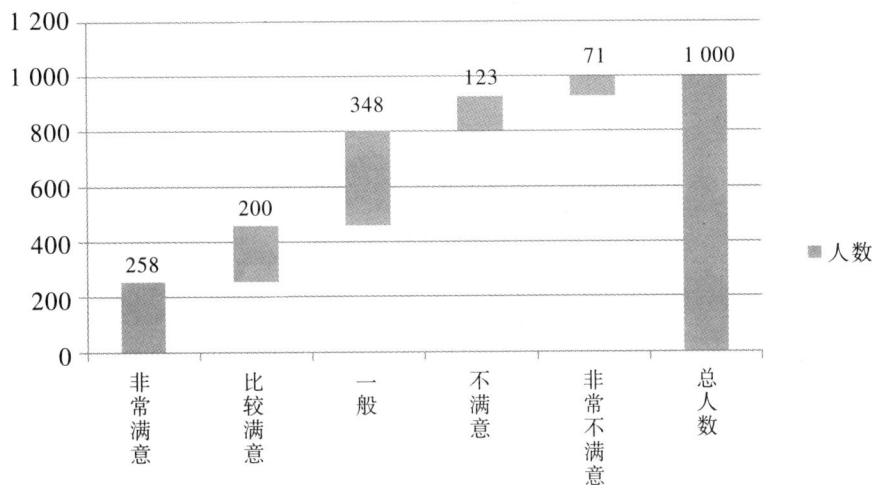

图3-40　瀑布图

漏斗图（funnel plot）因形状类似漏斗而得名，它是将各类别数值降序排列后绘制水平条形图。漏斗图适合展示数据逐步减少的现象，比如，生产成本逐年下降等。

本例中漏斗图具体操作步骤如下：

（1）数据整理，如图3-41所示。

满意度	辅助列	人数
一般	0	348
非常满意	45	258
比较满意	74	200
不满意	112.5	123
非常不满意	138.5	71

45=（348-258）/2

74=（348-200）/2

112.5=（348-123）/2

138.5=（348-71）/2

图3-41 基于漏斗图的满意度数据整理

（2）把数据输入工作表中。选中某一单元格，单击"插入"菜单，选择"图表"选项，弹出"插入图表"对话框。在图表类型中选择条形图，然后在子图表类型中选择堆积条形图，如图3-42所示。

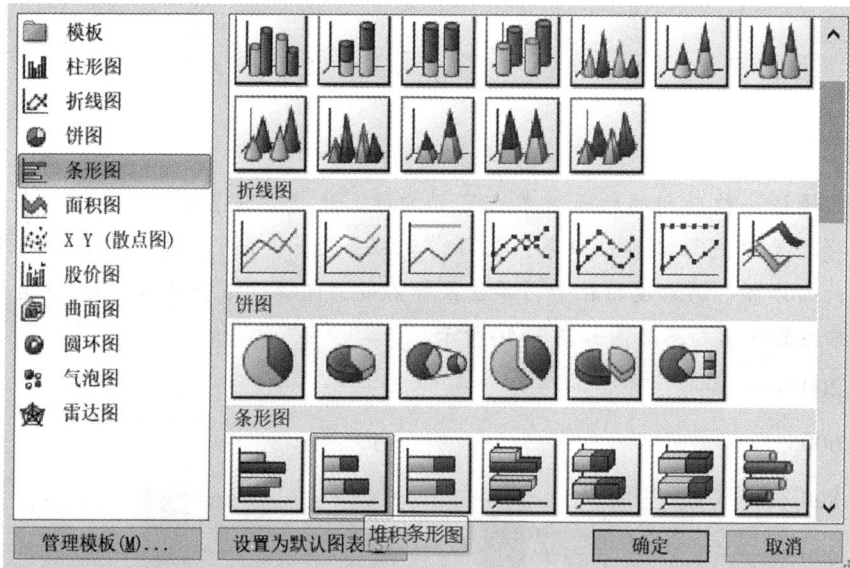

图3-42 条形图的"插入图表"对话框

（3）在图表中单击鼠标右键，打开"选择数据源"对话框，在"图表数据区域"中填入数据所在区域，如图3-43所示。

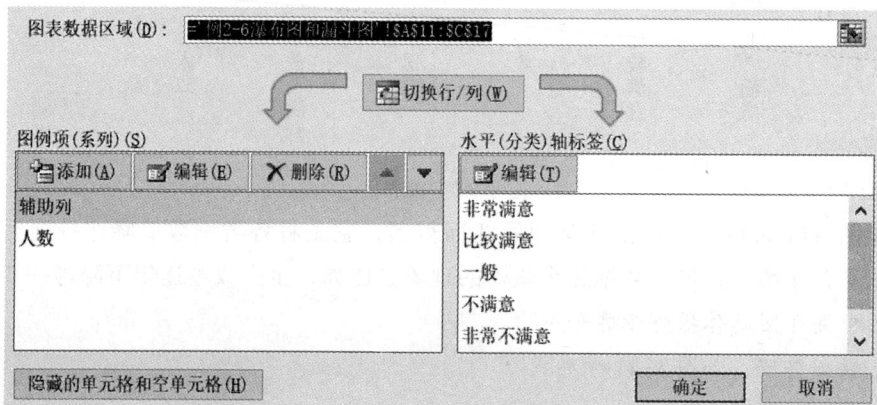

图3-43 堆积条形图的"选择数据源"对话框

（4）点击"确定"，堆积条形图如图3-44所示。

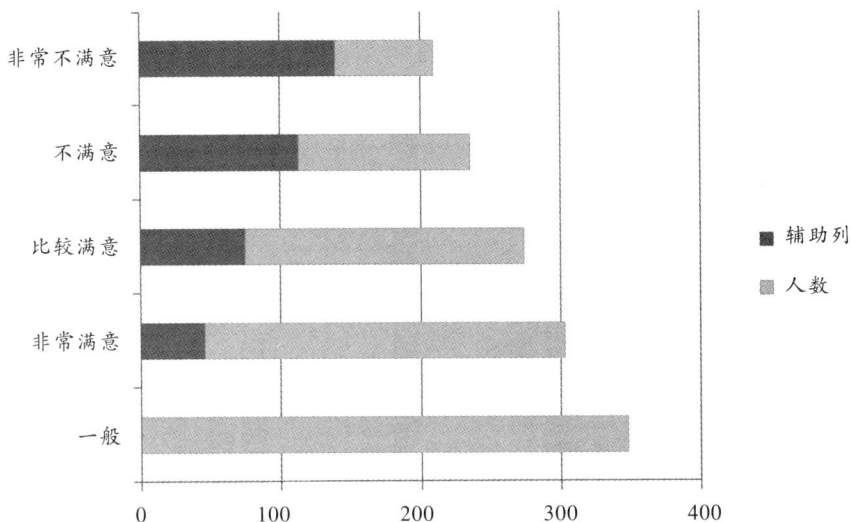

图3-44　堆积条形图

（5）选择任一辅助列的柱子，单击鼠标右键，选择"设置数据系列格式"，在"填充"中选择"无填充"，"边框颜色"选择"无线条"，单击"关闭"按钮；删除"辅助列"图例；选择任一满意度的柱子，单击鼠标右键，选择"添加数据标签"。这样就完成了整个漏斗图的绘制，如图3-45所示。

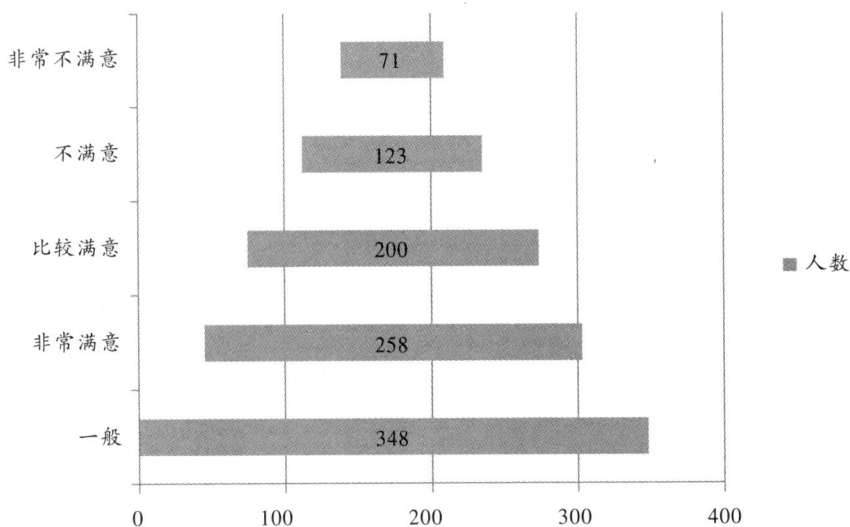

图3-45　漏斗图

（3）簇状条形图、堆积条形图和百分比条形图

简单条形图及其变种只展示一个类别变量的信息，对于多个类别变量，如果将各变量的各类别绘制在一张图里，不仅节省空间，也便于比较。根据两个类别变量的各类别绘制条形图时，由于绘制方式的不同，有簇状条形图、堆积条形图、百分比条形图等不同形式。

图 3-46 为簇状条形图，每一个满意度选项中的不同条表示不同的地区，条的高度表示人数的多少。

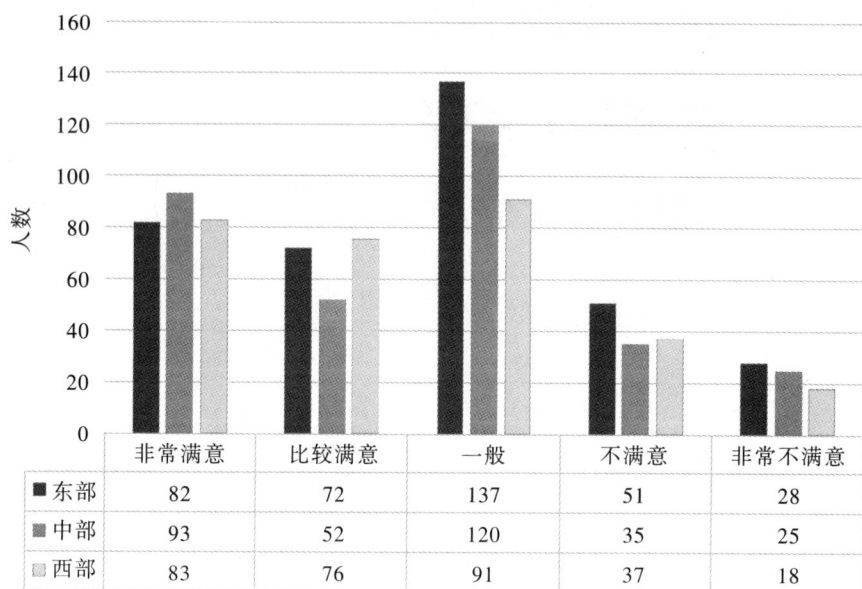

	非常满意	比较满意	一般	不满意	非常不满意
东部	82	72	137	51	28
中部	93	52	120	35	25
西部	83	76	91	37	18

图 3-46　基于满意度数据的簇状条形图

图 3-47 为堆积条形图，每个条的高度表示不同满意度选项的频数多少，条中所堆砌的矩形与不同地区的人数成比例。

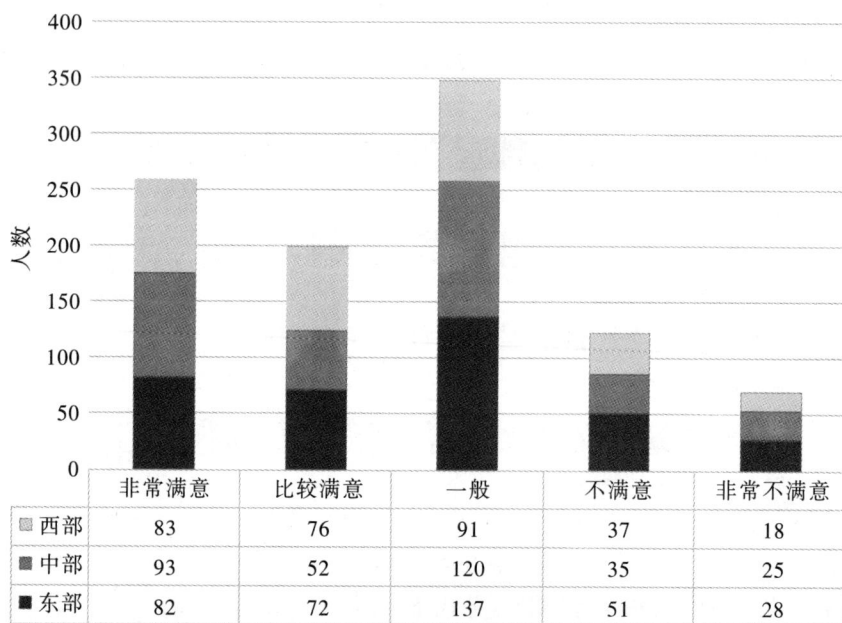

	非常满意	比较满意	一般	不满意	非常不满意
西部	83	76	91	37	18
中部	93	52	120	35	25
东部	82	72	137	51	28

图 3-47　基于满意度数据的堆积条形图

图 3-48 为百分比条形图，每个条的高度均为 100%，条内矩形的大小取决于各地区人数构成的百分比。

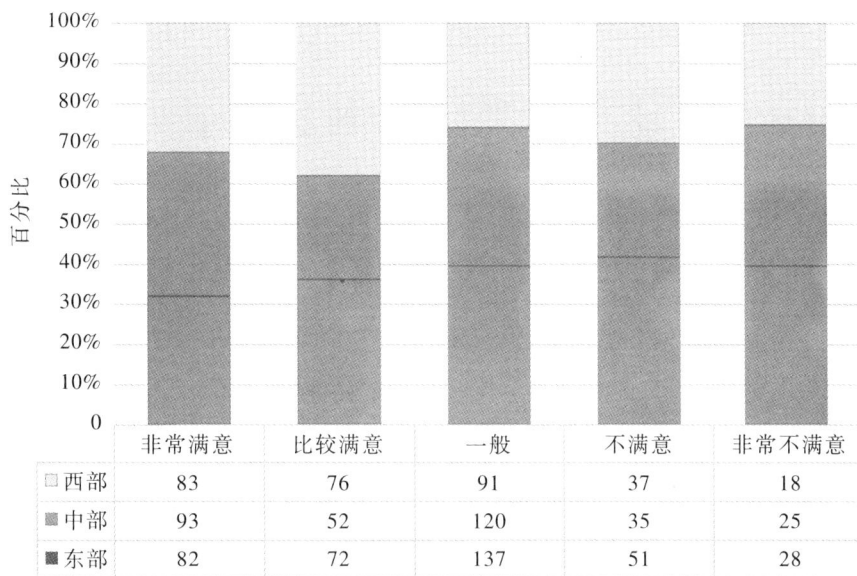

	非常满意	比较满意	一般	不满意	非常不满意
西部	83	76	91	37	18
中部	93	52	120	35	25
东部	82	72	137	51	28

图 3-48　基于满意度数据的百分比条形图

2.折线图的绘制

【例 3-9】以【例 3-7】中的数据为例绘制折线图。

具体操作步骤如下：

（1）选中某一单元格，单击"插入"菜单，选择"图表"选项，弹出"插入图表"对话框。在"图表类型"中选择"折线图"，然后在"子图表类型"中选择一种类型，这里选用系统默认的类型，如图 3-49 所示。

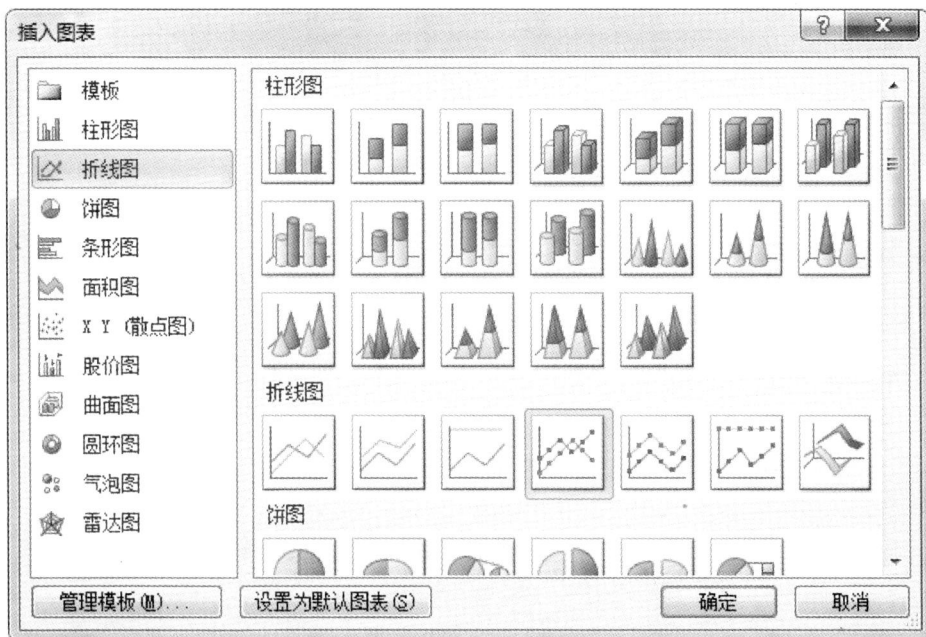

图 3-49　折线图的"插入图表"对话框

（2）在图表中单击鼠标右键，打开"选择数据源"对话框，在"图表数据区域"中填入数据所在区域，如图 3-50 所示。

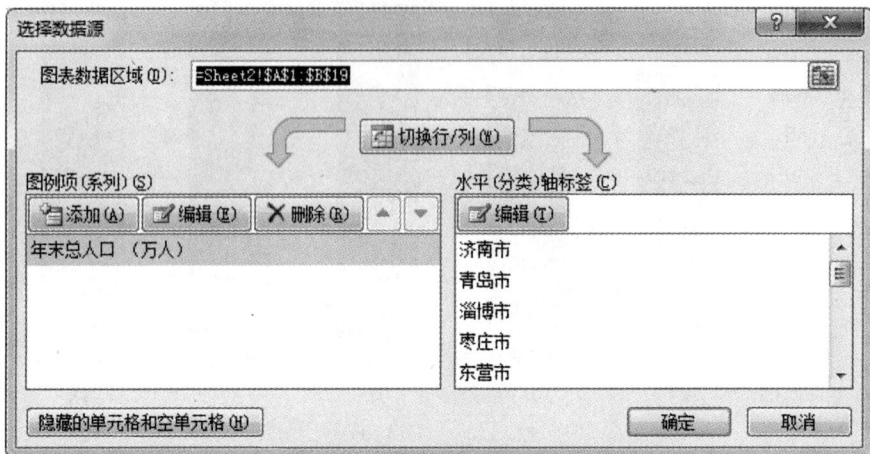

图 3-50　折线图的"选择数据源"对话框

（3）点击顶部菜单栏上"布局"菜单，然后点击下方工具栏上的"图表标题"—"坐标轴标题"，即可修改标题信息以及标题的位置，如图 3-51 所示。

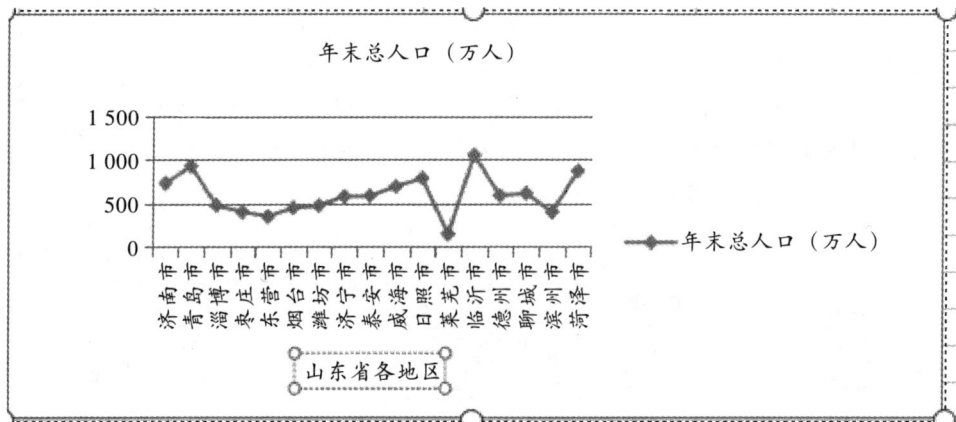

图 3-51　折线图的"布局"设置

（4）右键单击"移动图表"命令，打开"移动图表"对话框，如图 3-52 所示。选好图表位置，即可得到折线图，如图 3-53 所示。

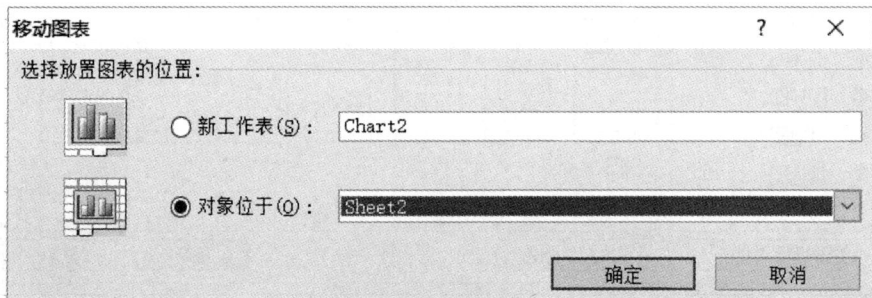

图 3-52　折线图的"移动图表"对话框

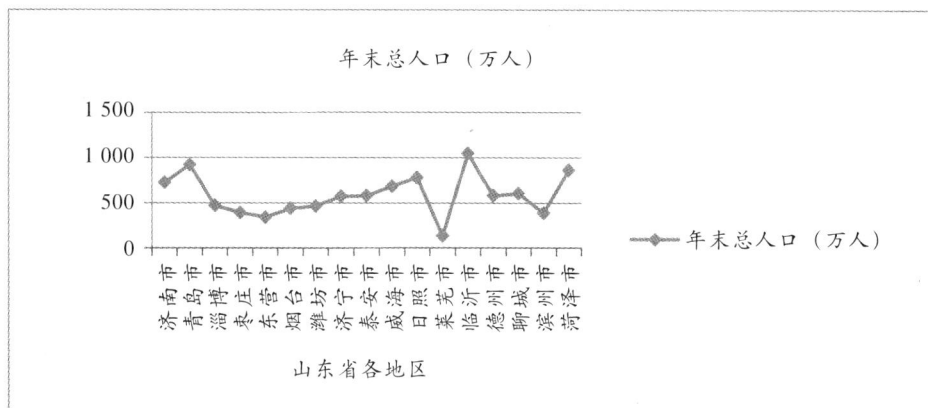

图 3-53　山东省各地区 2018 年末总人口折线图

3.饼图及其变种图形的绘制

（1）饼图

【例 3-10】仍以【例 3-7】中的数据为例绘制饼图。

具体操作步骤如下：

（1）选中某一单元格，单击"插入"菜单，选择"图表"选项，弹出"插入图表"对话框。在"图表类型"中选择"饼图"，然后在"子图表类型"中选择一种类型，这里选用系统默认的类型，如图 3-54 所示。

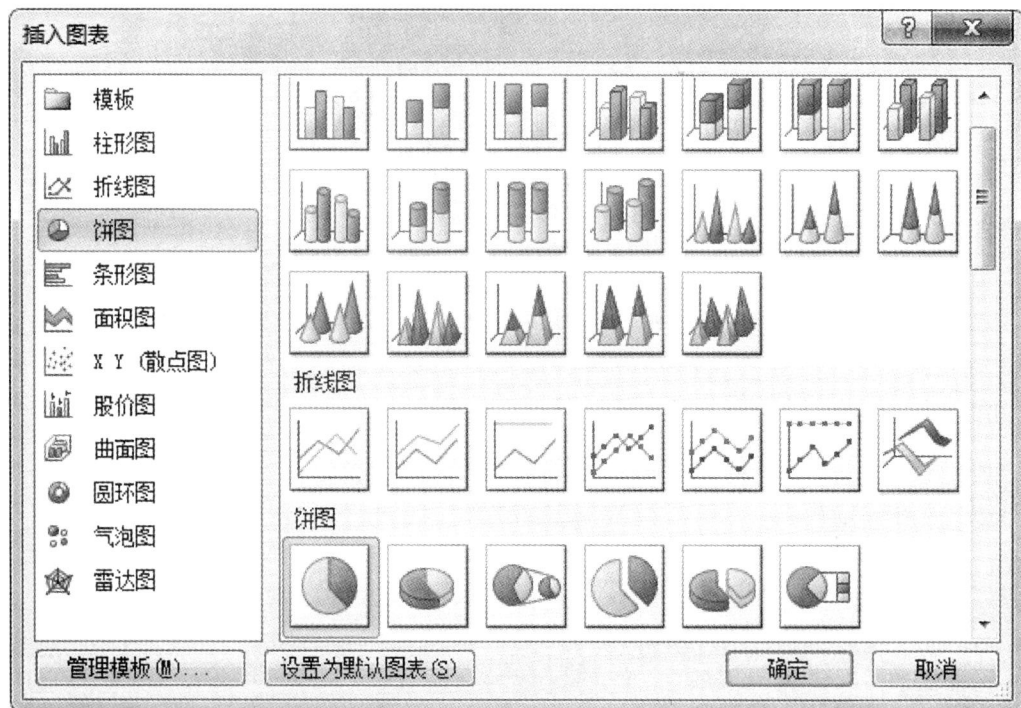

图 3-54　饼图的"插入图表"对话框

（2）在图表中单击鼠标右键，打开"选择数据源"对话框，在"图表数据区域"中填入数据所在区域，如图 3-55 所示。

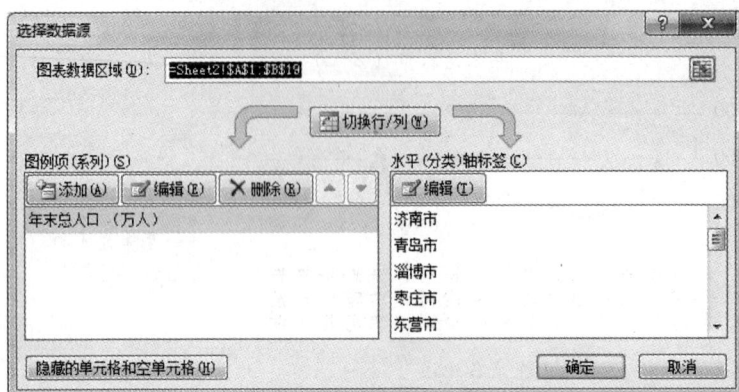

图 3-55　饼图的"选择数据源"对话框

（3）点击顶部菜单栏上"布局"菜单，然后点击下方工具栏上的"图表标题"—"坐标轴标题"，即可修改标题信息以及标题的位置，如图 3-56 所示。

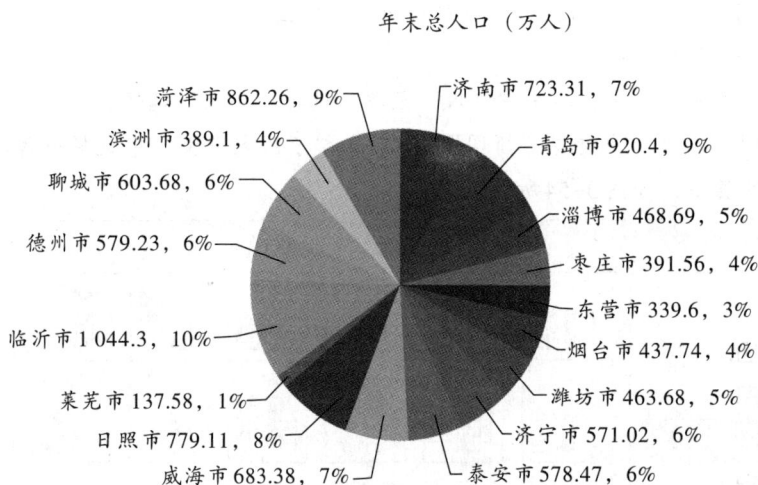

图 3-56　饼图的"布局"设置

（4）鼠标右键单击"移动图表"命令，打开"移动图表"对话框，如图 3-57 所示。选好图表位置，即可得到饼图，如图 3-58 所示。

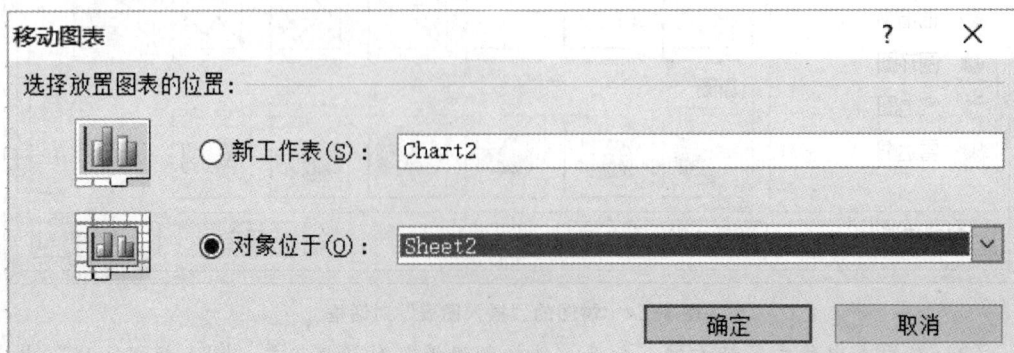

图 3-57　饼图的"移动图表"对话框

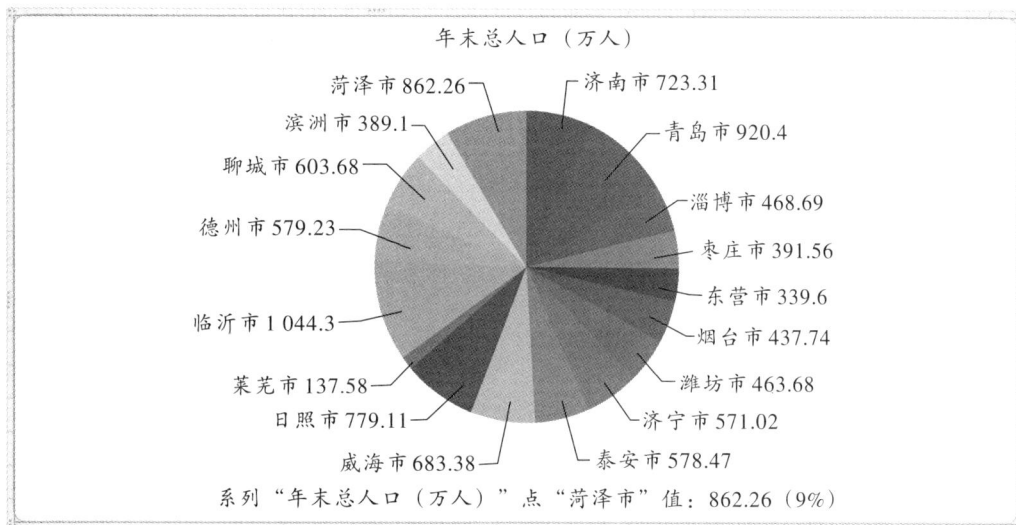

图3-58　2018年末山东省各地区年末总人口饼图

（2）环形图

饼图只能展示一个样本各类别频数所占的比例。比如，把5个地区的人口分别按高收入、中等收入和低收入划分成3部分，要比较5个地区不同收入的人口构成，则需要绘制5个饼图，这种做法既不经济也不便于比较。能否用一个图形比较出5个地区不同收入的人口构成呢？把饼图叠在一起，挖去中间的部分就可以了，这就是环形图（doughnut chart）。

环形图与饼图类似，但又有区别。环形图中间有一个"空洞"，每个样本用一个环来表示，样本中每一类别的频数构成用环中的一段表示。因此，环形图可展示多个样本各类别频数占其相应总频数的比例，从而有利于比较研究。

绘制环形图时，先向圆心方向画一条垂线（圆的半径），然后顺时针方向依次画出各类别所占的百分比。其中，样本的顺序依次从内环到外环。

【例3-11】以【例3-7】中的数据为例绘制3个地区被调查者满意度人数构成的环形图。

具体操作步骤如下：

（1）选中某一单元格，单击"插入"菜单，选择"图表"选项，弹出"插入图表"对话框。在"图表类型"中选择"圆环图"，然后在"子图表类型"中选择一种类型。

（2）在图表中单击鼠标右键，打开"选择数据源"对话框，在"图表数据区域"中填入数据所在区域。

（3）点击鼠标右键，通过"添加数据"和"设置数据标签格式"，可以在圆环图中显示希望展示的数据（在本例中展示的是系列名称和对应系列下相关满意度的比例）。

（4）点击鼠标右键，在"设置数据系列格式"中，可以调整诸如"圆环内径大小"等图形格式。

不同地区被调查者满意度人数构成的环形图如图3-59所示。

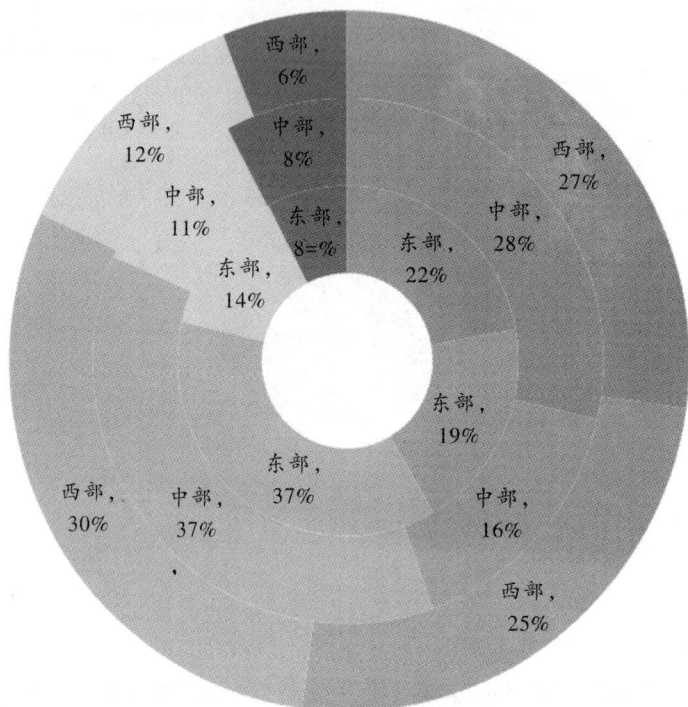

图 3-59　不同地区被调查者满意度人数构成的环形图

二、数值数据的可视化

展示数值数据的图形有多种。对于只有一个样本或一个变量的数值数据，主要是用直方图展示其分布特征，比如，分布的形状是否对称、是否存在长尾等；对于多个变量的数据，主要是用散点图观察变量之间的关系；对于多个样本和多个变量数据，主要是用雷达图、轮廓图对各样本分布的特征或相似性进行比较。

在此介绍直方图、散点图、气泡图、雷达图和轮廓图的绘制。

1.直方图

展示数据分布的图形主要有直方图（histogram）、茎叶图（stem-and-leaf plot）和箱形图（box plot）等。用这些图形可以观察数据的分布形状是否对称，是否存在长尾或离群点等。由于使用 Excel 2010 不能直接绘制茎叶图和箱形图，本节只介绍直方图。

直方图是用于展示数值数据分布的一种常用图形，它是用矩形的宽度和高度（即面积）来表示频数分布的。通过直方图可以观察数据分布的大体形状，如分布是否对称。图 3-60 展示了几种不同分布形状的直方图。

图 3-60 中，分布曲线的最高处就是分布的峰值。对称分布是以峰值为中心两侧对称；右偏分布是指在分布的右侧有长尾；左偏分布是指在分布的左侧有长尾。

绘制直方图时，用横轴表示数据的分组区间，纵轴表示各组的频数或频率，以区间宽度和相应的频数画出一个矩形，多个矩形并列起来就是直方图。由于数据的分组是连续的，所以各矩形之间是连续排列的，不能留有间隔。

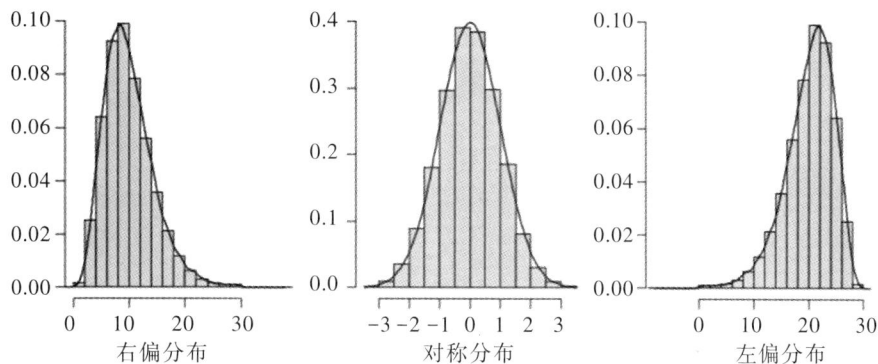

图3-60　几种不同分布形状的直方图

【例3-12】为分析网约车经营情况，随机抽取150个参与网约车服务的出租车司机进行调查，得到他们一天的营业额数据，见表3-11。绘制直方图分析营业额的分布特征。

表3-11　　　　　　　　　　　　　150个出租车司机一天的营业额　　　　　　　　　　　单位：元

319	493	346	362	532	283	413	207	444	426
263	510	615	365	355	418	329	315	439	446
354	550	450	346	510	391	516	378	470	453
351	586	345	380	384	476	434	313	202	400
357	419	426	369	461	268	435	416	226	363
237	647	354	487	401	209	433	454	424	361
645	390	392	355	302	569	583	459	421	289
375	408	475	546	299	384	462	349	370	480
436	572	251	431	296	349	240	475	453	377
586	334	528	516	492	331	391	489	366	530
321	494	309	402	660	327	351	360	319	255
350	367	387	365	433	388	391	459	394	297
257	397	432	303	381	433	317	418	393	458
528	360	500	273	240	392	403	447	319	300
501	535	420	314	447	393	443	463	698	327

选中某一单元格，点击"插入"菜单中"插入统计图表"，选择"直方图"（这里参考【例3-4】）。根据需要再对直方图作必要的修改。比如，要添加每一组的频数标签，点击任意一个条，然后点击鼠标右键，并点击"添加数据标签"即可。本例中，我们确定组数为8，组距为63，如图3-61所示。

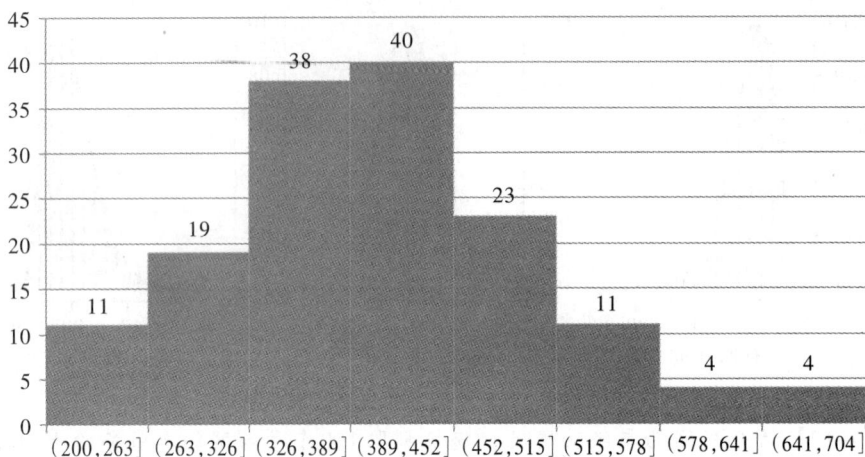

图 3-61　150 个出租车司机某天营业额分布的直方图

图 3-61 中，第一组（200，263］表示该组不包含下限值，但包含上限值 263；（263，326］表示该组不包含下限值 263，但包含上限值 326；以此类推。图 3-61 显示，营业额的分布主要集中在 326～452 元，以此为中心两侧依次减少，基本上呈现对称分布，但右边的尾部比左边的尾部稍长一些，表示营业额的分布有一定程度的右偏。

注意：直方图与条形图不同。首先，条形图中的每一矩形表示一个类别，其宽度通常没有意义，而直方图的宽度则表示各组的组距。其次，由于分组数据具有连续性，直方图的各矩形通常是连续排列，而条形图则是分开排列。最后，条形图主要用于展示类别数据或具有类别标签的数值数据，而直方图则主要用于展示类别化的数值数据。

2.散点图和气泡图

如果要展示两个数值变量之间的关系，可以使用散点图；如果要展示 3 个数值变量之间的关系，则可以使用气泡图。

（1）散点图

散点图（scatter diagram）是用二维坐标中两个变量各取值点的分布展示变量之间的关系的图形。设坐标横轴代表变量 x，纵轴代表变量 y（两个变量的坐标轴可以互换），每对数据（x_i，y_i）在坐标系中用一个点表示，n 对数据点在坐标系中形成的点图称为散点图。利用散点图可以观察变量之间是否有关系、有什么样的关系以及关系的大致强度等。

【例 3-13】表 3-12 是 20××年 31 个地区的人均地区生产总值（按当年价格计算）、社会消费品零售总额和地方财政一般预算支出。绘制散点图并观察它们之间的关系。

如果想观察两两变量之间的关系，可以分别绘制出三个散点图。这里只绘制人均地区生产总值与社会消费品零售总额、社会消费品零售总额与地方财政一般预算支出的两个散点图。

下面以人均地区生产总值与社会消费品零售总额之间的散点图为例，说明散点图的绘制步骤。

表 3-12 　　　　　　　　　20××年31个地区的人均地区生产总值、

社会消费品零售总额和地方财政一般预算支出

地区	人均地区生产总值 （元）	社会消费品零售总额 （亿元）	地方财政一般预算支出 （亿元）
北京	164 889	13 716.4	7 116.18
天津	101 614	3 582.9	3 150.61
河北	48 564	12 705	9 021.74
山西	50 528	6 746.3	5 110.95
内蒙古	72 062	4 760.5	5 268.22
辽宁	58 872	8 960.9	6 001.99
吉林	50 800	3 824	4 127.17
黑龙江	42 635	5 092.3	5 449.39
上海	155 768	15 932.5	8 102.11
江苏	121 231	37 086.1	13 682.47
浙江	100 620	26 629.8	10 081.87
安徽	63 426	18 334	7 470.96
福建	105 818	18 626.5	5 214.62
江西	56 871	10 371.8	6 666.1
山东	72 151	29 248	11 231.17
河南	55 435	22 502.8	10 382.77
湖北	74 440	17 984.9	8 439.04
湖南	62 900	16 258.1	8 402.7
广东	88 210	40 207.9	17 484.67
广西	44 309	7 831	6 155.42
海南	55 131	1 974.6	1 973.89
重庆	78 170	11 787.2	4 893.94
四川	58 126	20 824.9	11 200.72
贵州	46 267	7 833.4	5 723.27
云南	51 975	9 792.9	6 974.01
西藏	52 345	745.8	2 207.77
陕西	66 292	9 605.9	5 933.78
甘肃	35 995	3 632.4	4 154.9
青海	50 819	877.3	1 933.28
宁夏	54 528	1 301.4	1 483.01
新疆	53 593	3 062.5	5 453.75

资料来源：国家统计局网站。

具体操作步骤如下：

（1）选中某一单元格，单击"插入"菜单，选择"图表"选项，弹出"插入图表"对话框。在"图表类型"中选择"散点图"，然后在"子图表类型"中选择一种类型。

（2）在图表中单击鼠标右键，选择"选择数据源"，点击添加数据，如图3-62所示。

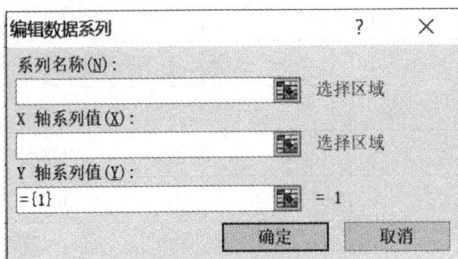

图3-62　选择数据源

（3）在"X轴系列值"中选择"人均地区生产总值"所在列数据，在"Y轴系列值"中选择"社会消费品零售总额"所在列数据。点击"确定"，即可绘制一张简单的散点图，如图3-63所示。

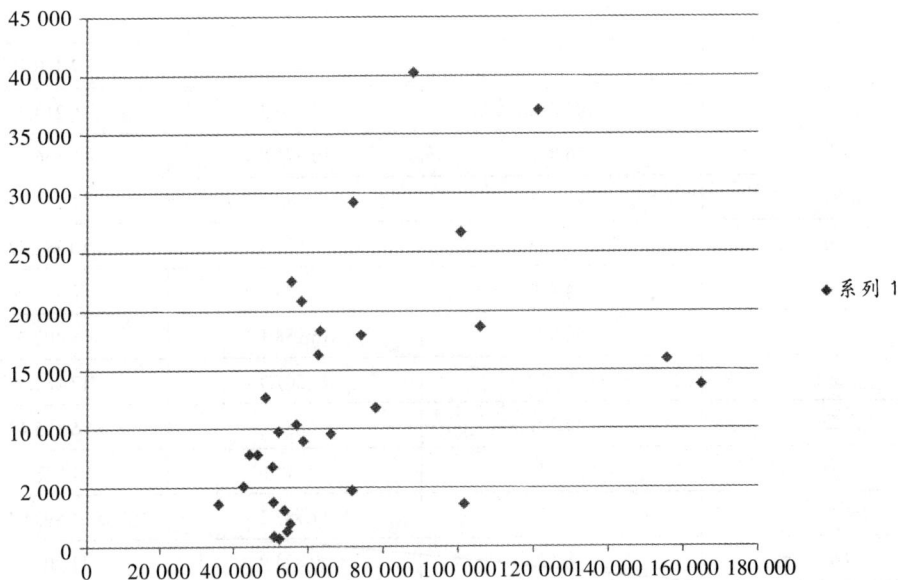

图3-63　未经调整的简单散点图

（4）选中散点图，在"布局"菜单中选择"坐标轴标题"，在"主要横坐标轴标题"中输入"人均地区生产总值"，在"主要纵坐标轴标题"中输入"社会消费品零售总额"，如图3-64所示。

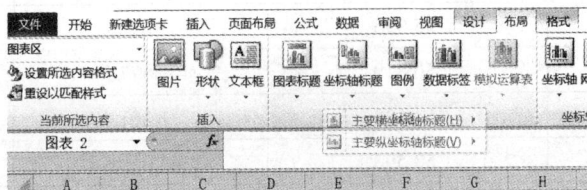

图3-64　设置坐标轴标题

（5）选中散点图，在"布局"菜单中选择"网格线"，可以设置横、纵坐标轴的网格线，如图3-65所示。

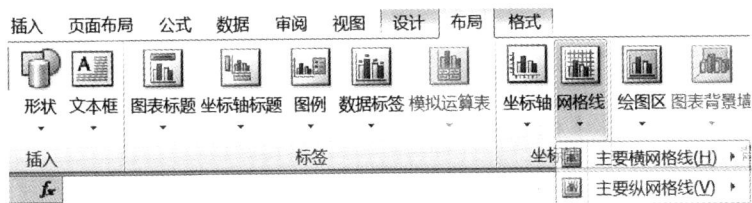

图3-65　设置网格线

（6）在"布局"菜单中选择"趋势线"，可以为散点图添加趋势线。选中趋势线，点击鼠标右键，选择"设置趋势线格式"，可以设置趋势线的线型、颜色等，如图3-66所示。

图3-66　设置趋势线格式

（7）选中散点图中的数据点，点击鼠标右键，选择"设置数据点格式"，可以设置数据点的类型、标志线的颜色等，如图3-67所示。

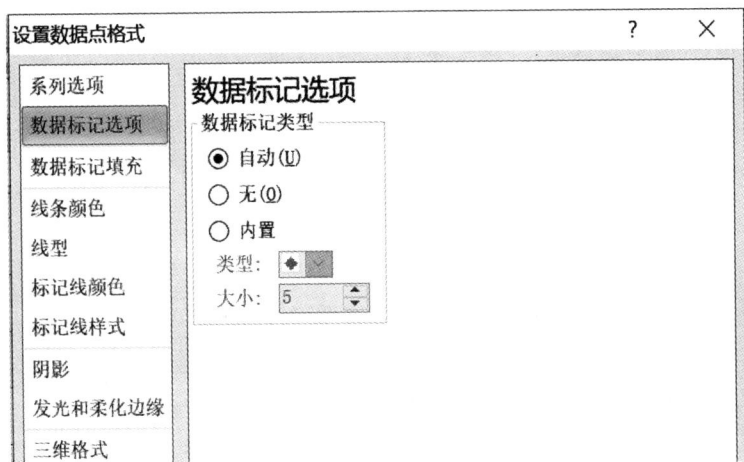

图3-67　设置数据点格式

（8）双击选中某个数据点，点击鼠标右键，选择"添加数据标签"，可为该数据点添加数据标签，再次点击鼠标右键，选择"设置数据标签格式"，可以设置刚添加的数据标签的格式。比如，选中 X 值、Y 值，同时可自行添加城市名称，如图 3-68 所示。

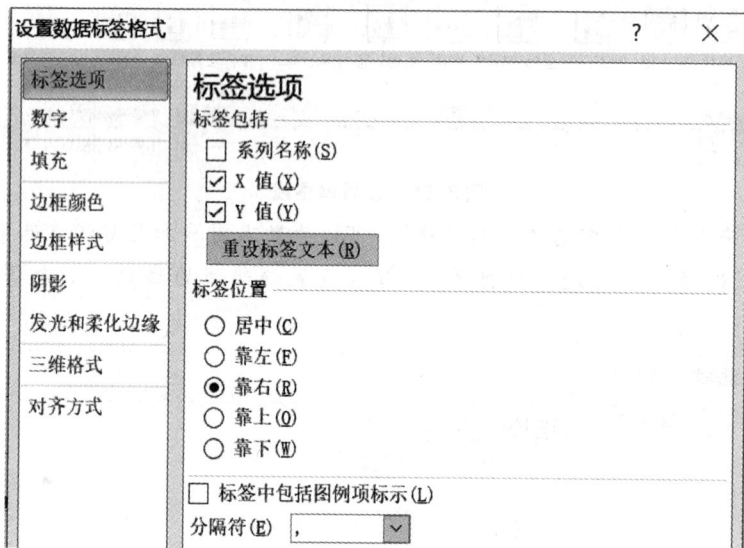

图 3-68　设置数据标签格式

（9）调整后的散点图如图 3-69 所示。

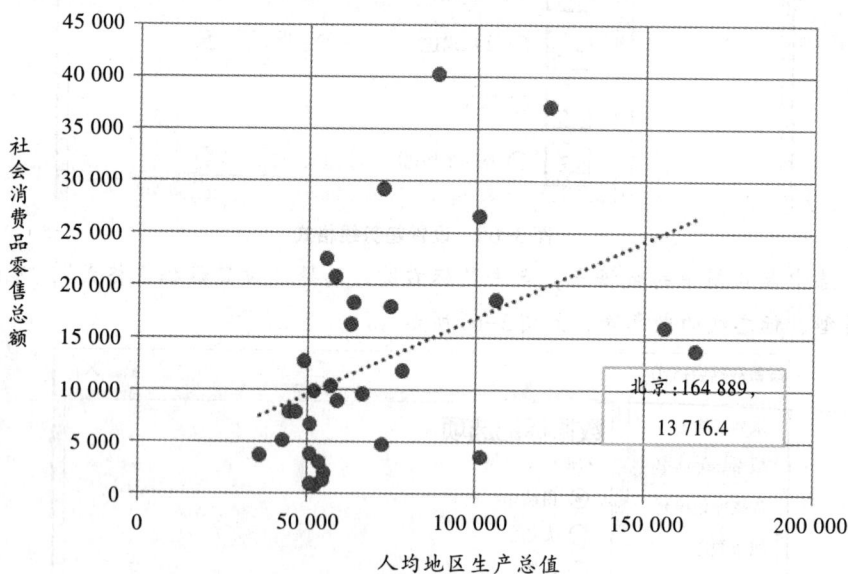

图 3-69　人均地区生产总值与社会消费品零售总额的散点图

同样的方法，可以绘制出社会消费品零售总额与地方财政一般预算支出的散点图，如图 3-70 所示。

图 3-69 显示，随着人均地区生产总值的增加，社会消费品零售总额也在一定程度上增加，表明二者之间具有一定的线性关系，但线性关系不是很强。比如，北京的人均地区生产总值最高，但社会消费品零售总额相对较低。图 3-70 显示，社会消费品零售总额与

地方财政一般预算支出之间具有较强的线性关系。

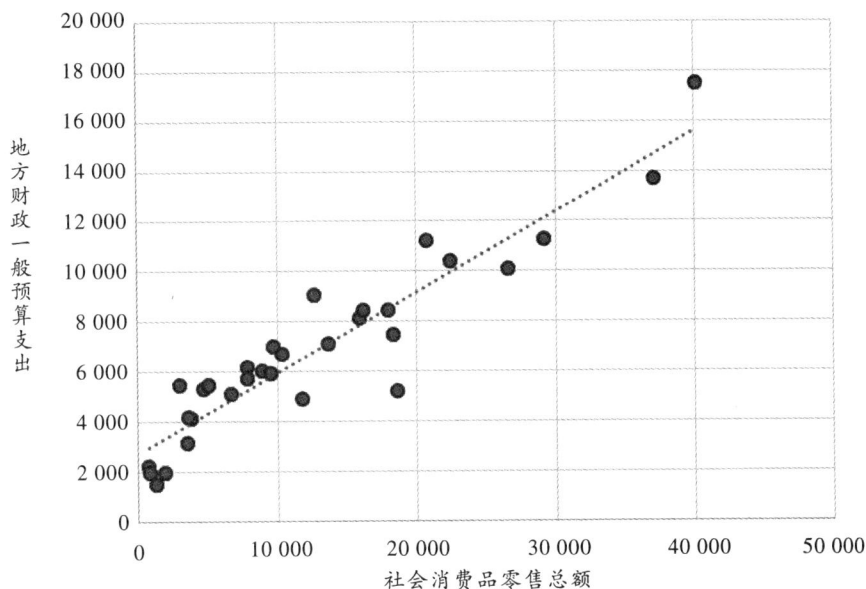

图3-70　社会消费品零售总额与地方财政一般预算支出的散点图

（2）气泡图

普通散点图只能展示两个变量间的关系。对于三个变量之间的关系，可以绘制气泡图（bubble chart），它可以看作散点图的一个变种。在气泡图中，第三个变量数值的大小用圆的大小表示。根据【例3-13】的数据，参考散点图的绘制步骤绘制的气泡图如图3-71所示。

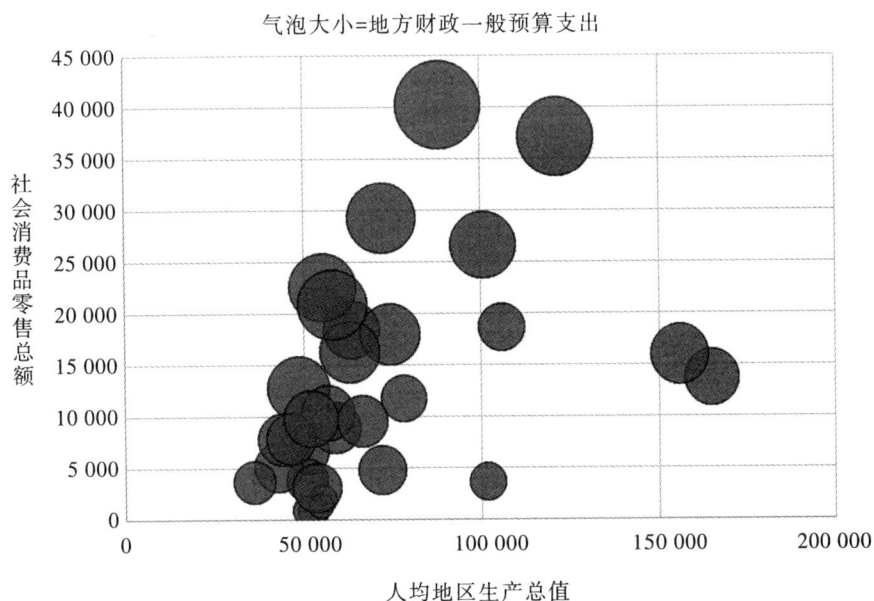

图3-71　人均地区生产总值与社会消费品零售总额和地方财政一般预算支出的气泡图

3.雷达图和轮廓图

假定一个集团公司在10个地区有销售分公司，每个分公司都有销售人员数、销售额、销售利润、所在地区的人口数、当地的人均收入等数据。如果你想知道10家分公司在上述几个变量上的差异或相似程度，该用什么图形展示呢？这里涉及10个样本的5个变量，显然无法用二维坐标进行图示，利用雷达图和轮廓图则可以做到这一点。

（1）雷达图

雷达图（radar chart）是从一个点出发，用每一条射线代表一个变量，多个变量的数据点连接成线，即围成一个区域，多个样本围成多个区域。利用雷达图也可以研究多个样本之间的相似程度。

【例3-14】表3-13是20××年北京、天津、上海和重庆的人均各项消费支出数据。绘制雷达图，比较不同地区的人均各项消费支出的特点和相似性。

表3-13　　　　　20××年北京、天津、上海和重庆的人均各项消费支出　　　　单位：元

项目	北京	天津	上海	重庆
食品烟酒	8 488.5	8 983.7	10 952.6	6 666.7
衣着	2 229.5	1 999.5	2 071.8	1 491.9
居住	15 751.4	6 946.1	15 046.4	3 851.2
生活用品及服务	2 387.3	1 956.7	2 122.8	1 392.5
交通通信	4 979.0	4 236.4	5 355.7	2 632.8
教育文化娱乐	4 310.9	3 584.4	5 495.1	2 312.2
医疗保健	3 739.7	2 991.9	3 204.8	1 925.4
其他用品及服务	1 151.0	1 154.0	1 355.9	501.3

资料来源：国家统计局网站。

用 Excel 绘制雷达图如图3-72所示。

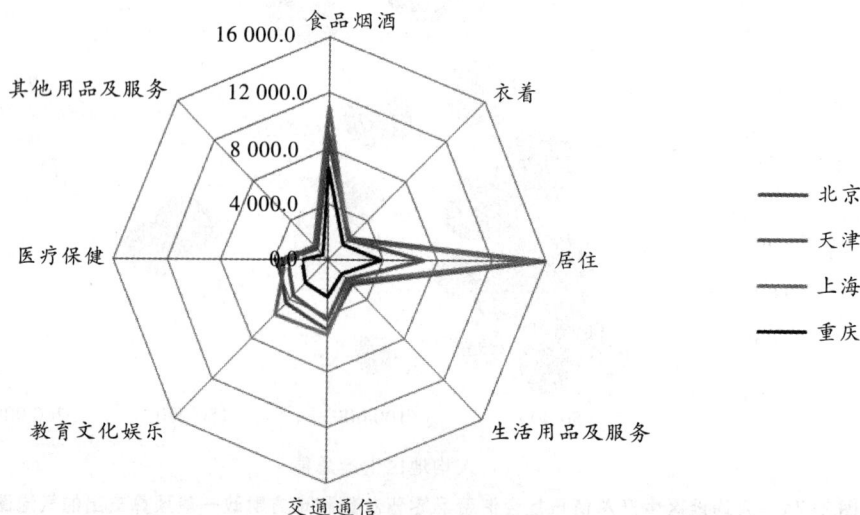

图3-72　20××年北京、天津、上海和重庆人均各项消费支出

图3-72可用于比较不同地区在各项消费支出上的相似性。由该图可以得到以下结论：四个地区人均各项消费支出中，居住支出相对较多，尤其是北京和上海的居住支出明显高于天津和重庆，食品烟酒支出次之，其他用品及服务支出最少。上海的各项消费支出较高，其次是北京，天津和重庆相对较低。雷达图所围成的形状十分相似，说明四个地区的消费结构有很大的相似性。

为分析各消费支出项目在不同地区的相似性，可以用支出项目作为样本来绘制雷达图，如图3-73所示。

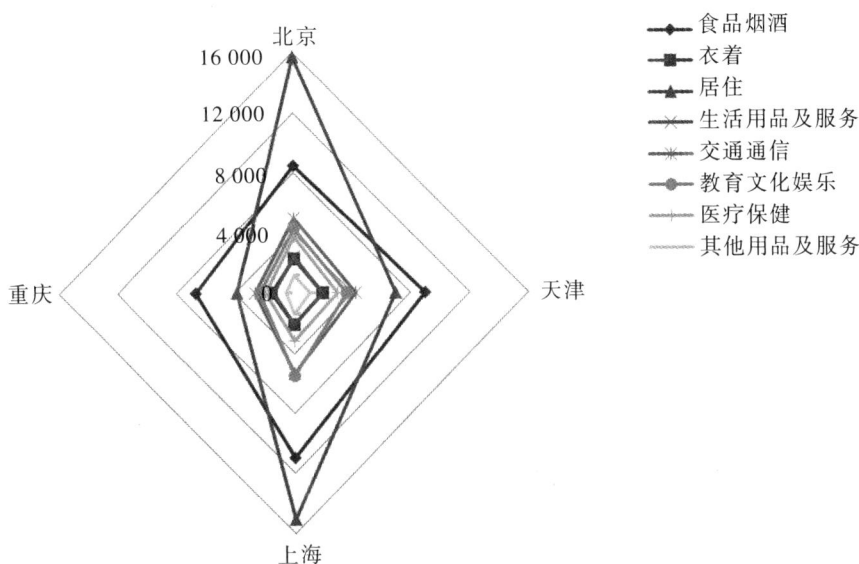

图3-73　不同支出项目的雷达图

图3-73显示，从雷达图围成的形状看，除居住支出外，其他几项支出在各地区的消费结构上十分相似。

（2）轮廓图

轮廓图（outline chart）也称为平行坐标图或多线图，它是用横坐标表示各样本，不同的图例表示每个样本的多个变量的取值，将不同样本的同一个变量的取值用折线连接而成的图。

Excel 2010中没有轮廓图，可以借助折线图绘制轮廓图。

例如，根据【例3-14】中的数据，将各项支出作为横轴的轮廓图如图3-74所示，将各地区作为横轴的轮廓图如图3-75所示。

图3-74和3-75显示的结论与雷达图一致，即除居住支出外，四个地区在各项消费支出上十分相似，而各项支出在不同地区的消费结构上也十分相似。

三、合理使用图表

统计图表是展示数据的有效方式。在日常生活中，阅读报纸杂志，或者在看电视、查阅计算机网络时都能看到大量的统计图表。统计表把杂乱的数据有条理地组织在一张简明的表格内，统计图把数据形象地展示出来。显然，看统计图表要比看那些枯燥的数字更有趣，也更容易理解。合理使用统计图表是做好统计分析的最基本技能。

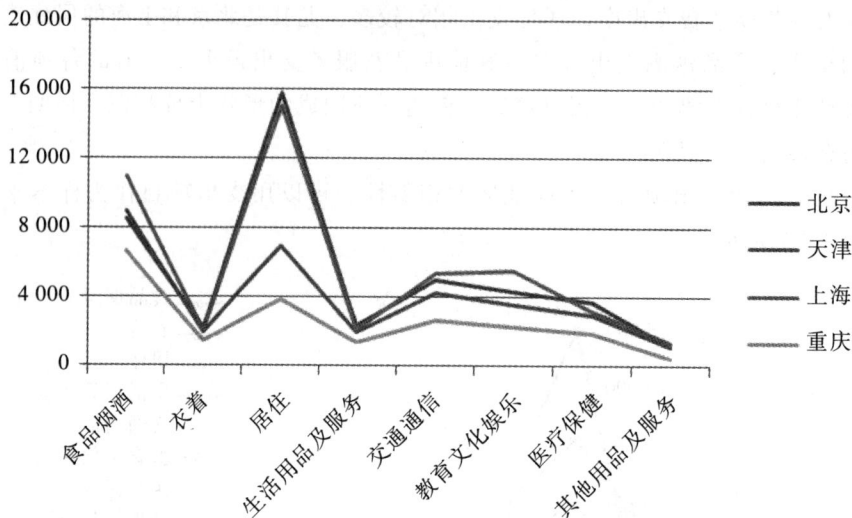

图3-74　20××年北京、天津、上海和重庆人均各项消费支出的轮廓图

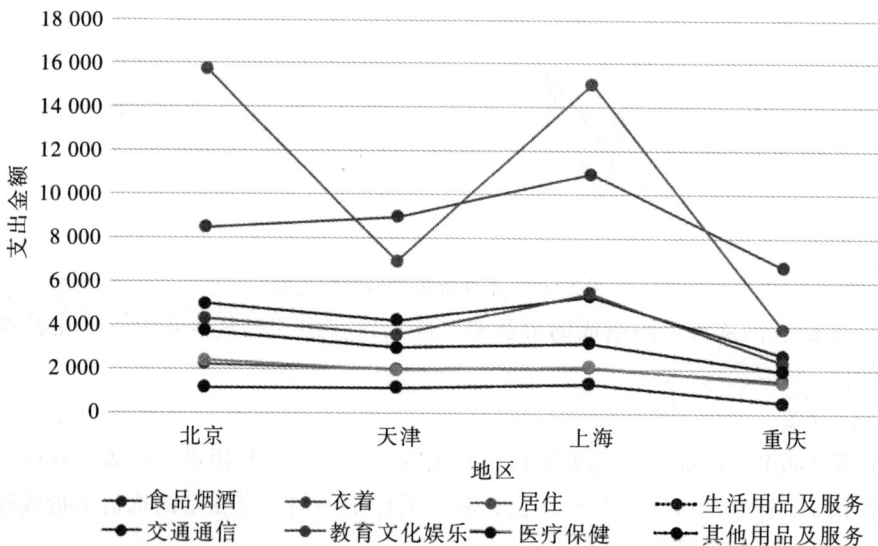

图3-75　不同支出项目的轮廓图

使用图表的目的是让人更容易看懂和理解数据。一张精心设计的图表可以有效地把数据呈现出来。使用计算机可以很容易地绘制出漂亮的图表，但需要注意的是，初学者往往会在图形的修饰上花费太多的时间和精力，而不注意对数据的表达。这样做得不偿失，也未必合理，或许会画蛇添足。

精心设计的图表可以准确表达数据所要传递的信息。设计图表时，应绘制得尽可能简洁，以能够清晰地显示数据、合理地表达统计目的为依据。合理使用图表要注意以下几点。

首先，在制作图表时，应避免一切不必要的修饰。过于花哨的修饰往往会使人注重图表本身，而掩盖了图表所要表达的信息。

其次，图形的比例应合理。一般而言，一张图形大体上约为 4 : 3 的一个矩形，过长或过高的图形都有可能歪曲数据，给人留下错误的印象。

最后，图表应有编号和标题。编号一般使用阿拉伯数字，如表1、表2等。图表的标题应明示表中数据所属的时间（when）、地点（where）和内容（what），即通常所说的3W准则。表的标题通常放在表的上方；图的标题可放在图的上方，也可放在图的下方。

练习题

1.某地区共有30家企业，它们的类型情况见表3-14。

表3-14   某地区企业类型情况表

企业编号	企业类型	企业编号	企业类型
1	中型企业	16	中型企业
2	大型企业	17	大型企业
3	大型企业	18	小型企业
4	小型企业	19	小型企业
5	小型企业	20	中型企业
6	小型企业	21	小型企业
7	中型企业	22	小型企业
8	大型企业	23	中型企业
9	中型企业	24	小型企业
10	小型企业	25	中型企业
11	中型企业	26	大型企业
12	小型企业	27	中型企业
13	小型企业	28	大型企业
14	大型企业	29	小型企业
15	中型企业	30	小型企业

要求：试用Excel编制此地区企业类型的频数分布表，并用直方图和饼图表示。

2.某班49位同学的统计学期中考试成绩如下（单位：分）：97，76，67，62，96，66，68，76，51，78，64，56，70，82，84，97，47，77，81，96，83，70，87，76，77，84，57，63，59，76，70，90，80，86，75，73，88，50，90，59，56，76，65，83，71，41，61，57，76。

要求：试用Excel编制此调查数据的频数分布表，并用直方图和饼图表示。

3.表3-15是随机调查的40名学生及其父母的身高数据（单位：厘米）。

表3-15   40名学生及其父母身高数据表

子女身高	父亲身高	母亲身高	子女身高	父亲身高	母亲身高
171	166	158	155	165	157
174	171	158	161	182	165
177	179	168	166	166	156
178	174	160	170	178	160
180	173	162	158	173	160
181	170	160	160	170	165
159	168	153	160	171	150
169	168	153	162	167	158
170	170	167	165	175	160
170	170	160	168	172	162
175	172	160	170	168	163
175	175	165	153	163	152
178	174	160	156	168	155
173	170	160	158	174	155
181	178	165	160	170	162
164	175	161	162	170	158
167	163	166	163	173	160
168	168	155	165	172	161
170	170	160	166	181	158
170	172	158	170	180	165

要求:

(1)绘制子女身高的直方图,分析其分布特征。

(2)分别绘制子女身高与父亲身高和母亲身高的散点图,说明它们之间的关系。

(3)以子女身高作为气泡大小,绘制气泡图,分析子女身高与父亲身高和母亲身高的关系。

实验四

统计数据分布特征的描述

> **实验目的**
>
> 掌握如何利用 Excel 对数据进行描述性统计分析。

▨ 实验要求 ▨

1. 运用 Excel 的公式和函数计算各种统计指标。
2. 利用"描述统计"分析工具进行描述性统计分析。

统计数据分布
特征的描述

▨ 寓德于教 ▨

以人民为中心　共同富裕取得新成效[①]

"我们深入贯彻以人民为中心的发展思想，在幼有所育、学有所教、劳有所得、病有所医、老有所养、住有所居、弱有所扶上持续用力，人民生活全方位改善。人均预期寿命增长到七十八点二岁。居民人均可支配收入从一万六千五百元增加到三万五千一百元。城镇新增就业年均一千三百万人以上。建成世界上规模最大的教育体系、社会保障体系、医疗卫生体系，教育普及水平实现历史性跨越，基本养老保险覆盖十亿四千万人，基本医疗保险参保率稳定在百分之九十五。及时调整生育政策。改造棚户区住房四千二百多万套，改造农村危房二千四百多万户，城乡居民住房条件明显改善。互联网上网人数达十亿三千万人。"党的二十大报告中这些振奋人心的数据，彰显出十年来我国全方位改善人民生活取得的巨大成就。人民群众获得感、幸福感、安全感更加充实、更有保障、更可持续，共同富裕取得新成效。

请思考：

1. 上述数据中属于平均指标的有哪些？
2. 平均指标与强度相对指标有何异同？

▐ 第一节 ▌ 算术平均数的计算

一、简单算术平均数的计算

在资料未分组的情况下，采用简单算术平均数，计算公式为：

---

① 习近平. 高举中国特色社会主义伟大旗帜　为全面建设社会主义现代化国家而团结奋斗——在中国共产党第二十次全国代表大会上的报告〔EB/OL〕.〔2022-10-16〕. https://www.gov.cn/xinwen/2022-10/25/content_5721685.htm.

$$\bar{x} = \frac{x_1 + x_2 + \cdots x_n}{n} = \frac{\sum x}{n}$$

【例 4-1】已知某学习小组 5 名学生的统计学成绩分别为 75 分、61 分、82 分、85 分、94 分，请计算 5 名学生的统计学平均成绩。

具体操作步骤如下：

（1）将 5 名学生的序号和统计学成绩输入到 Excel 表格中。

（2）单击任意空单元格，用于放置计算好的算术平均数，此处选择 B7 单元格。在"公式"菜单中选择"插入函数"，或直接单击编辑栏中的按钮 f_x，打开"插入函数"对话框；在"或选择类别"列表框中选择"常用函数"或"统计"，在"选择函数"列表框中选择"AVERAGE"，如图 4-1 所示。

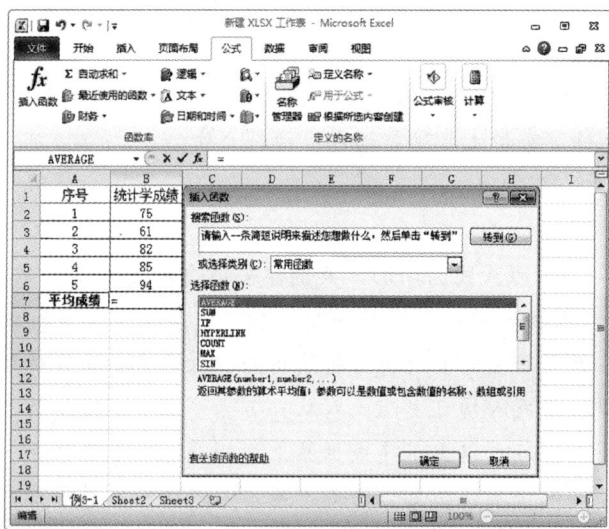

图 4-1　"插入函数"对话框

（3）单击"确定"按钮，弹出"函数参数"对话框，在"Number1"文本框中输入"B2：B6"，单击"确定"按钮，即得到 5 名学生的统计学平均成绩为 79.4 分，如图 4-2 和图 4-3 所示。

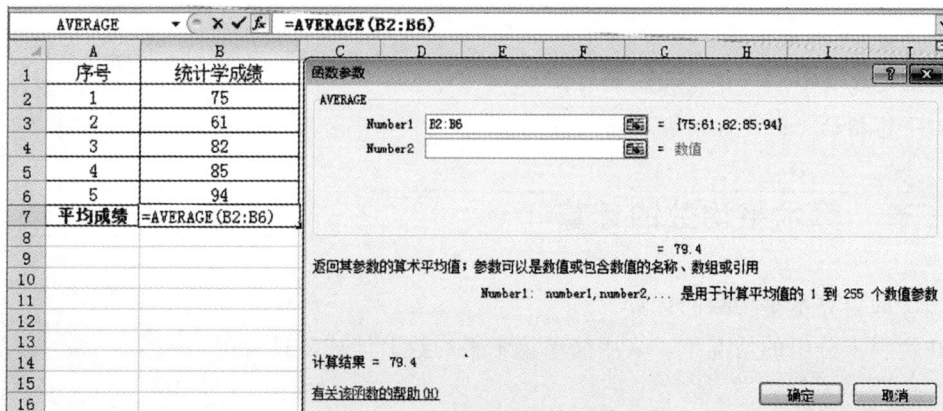

图 4-2　"函数参数"对话框

图4-3　5名学生的统计学平均成绩

二、加权算术平均数的计算

在资料已分组的情况下，采用加权算术平均数，其公式为：

$$\bar{x} = \frac{x_1 f_1 + x_2 f_2 + \cdots + x_n f_n}{f_1 + f_2 + \cdots + f_n} = \frac{\sum x}{\sum f}$$

【例4-2】某车间生产小组有20名工人，其月工资资料见表4-1，请计算工人平均月工资。

表4-1　　　　　　　　　　　　　　某生产小组工人月工资情况表

月工资 x（元）	工人数 f（人）
2 300	2
2 500	5
2 800	8
3 000	4
3 500	1
合计	20

具体操作步骤如下：

（1）将表4-1的数据输入Excel表格中。

（2）在C1单元格中输入"各组工资总额（元）xf"，选择C2单元格，在其中输入公式"=A2*B2"，按回车键，得第一组工资总额为4 600元，如图4-4所示。

图4-4　第一组工资总额

（3）选中 C2 单元格，再将光标移至 C2 单元格右下角，当光标变为小黑"+"时，按住鼠标左键并拖至 C6 区域后松开，得到其余各组工资总额，如图 4-5 所示。

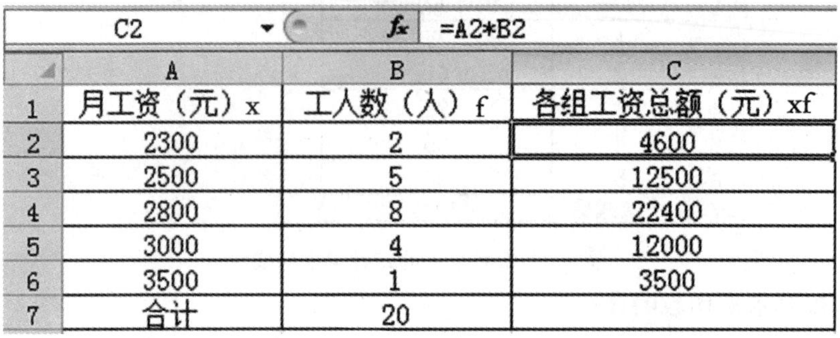

C2		f_x =A2*B2	
	A	B	C
1	月工资（元）x	工人数（人）f	各组工资总额（元）xf
2	2300	2	4600
3	2500	5	12500
4	2800	8	22400
5	3000	4	12000
6	3500	1	3500
7	合计	20	

图 4-5　各组工资总额

（4）在 C7 单元格中输入公式"=SUM（C2：C6）"，按回车键即得 20 名工人的总工资为 55 000 元；或者选择 C2 至 C6 区域，单击"公式"下的"自动求和"按钮，也可得出总工资，如图 4-6 所示。

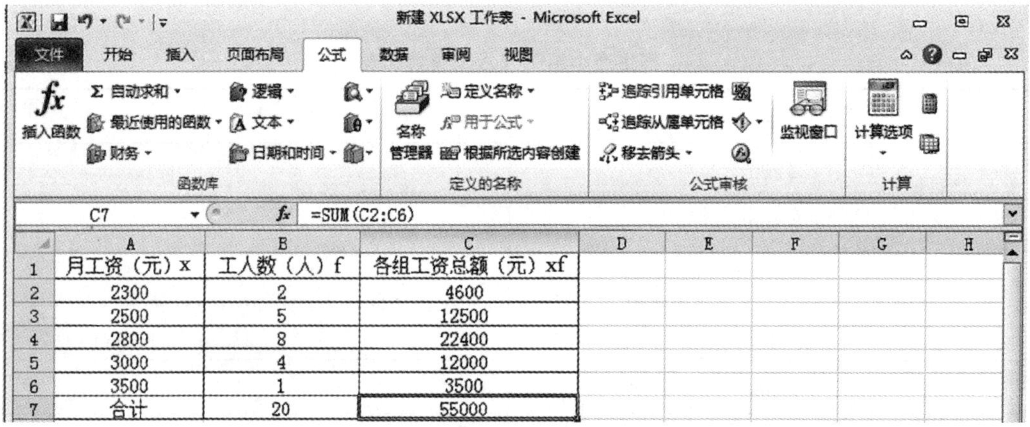

图 4-6　20 名工人的总工资

（5）在 B8 单元格中输入公式"=C7/B7"，按回车键，即求得 20 名工人的平均月工资为 2 750 元，如图 4-7 所示。

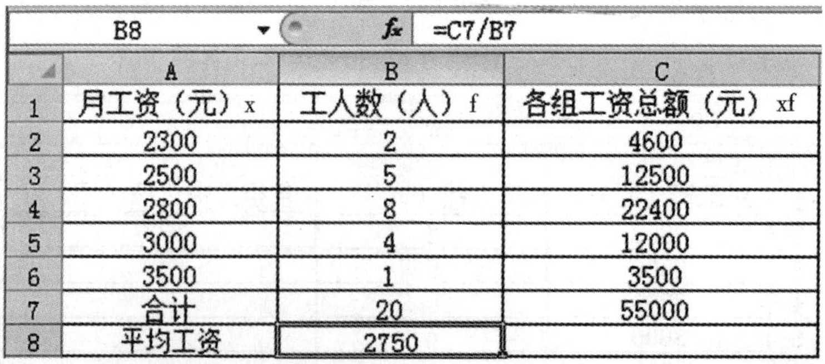

B8		f_x =C7/B7	
	A	B	C
1	月工资（元）x	工人数（人）f	各组工资总额（元）xf
2	2300	2	4600
3	2500	5	12500
4	2800	8	22400
5	3000	4	12000
6	3500	1	3500
7	合计	20	55000
8	平均工资	2750	

图 4-7　20 名工人的平均月工资

第二节　调和平均数的计算

一、简单调和平均数的计算

简单调和平均数适用于各标志值对应的标志总量为一个单位（或相等）的情况，计算公式为：

$$\overline{x_h} = \frac{n}{\dfrac{1}{x_1} + \dfrac{1}{x_2} + \cdots + \dfrac{1}{x_n}} = \frac{n}{\sum \dfrac{1}{x}}$$

【例4-3】某种蔬菜在三个市场的价格分别为：甲市场2元/千克，乙市场3元/千克，丙市场3.5元/千克。若分别在三个市场各购买1元的蔬菜，则该蔬菜的平均价格是多少？

具体操作步骤如下：

（1）将原始数据输入Excel中。

（2）单击任意空单元格，用于放置计算好的调和平均数，这里选择B6单元格，在"公式"菜单中选择"插入函数"，或直接单击编辑栏中的按钮 f_x，打开"插入函数"对话框；在"或选择类别"列表框中选择"统计"，在"选择函数"列表框中选择"HARMEAN"，如图4-8所示。

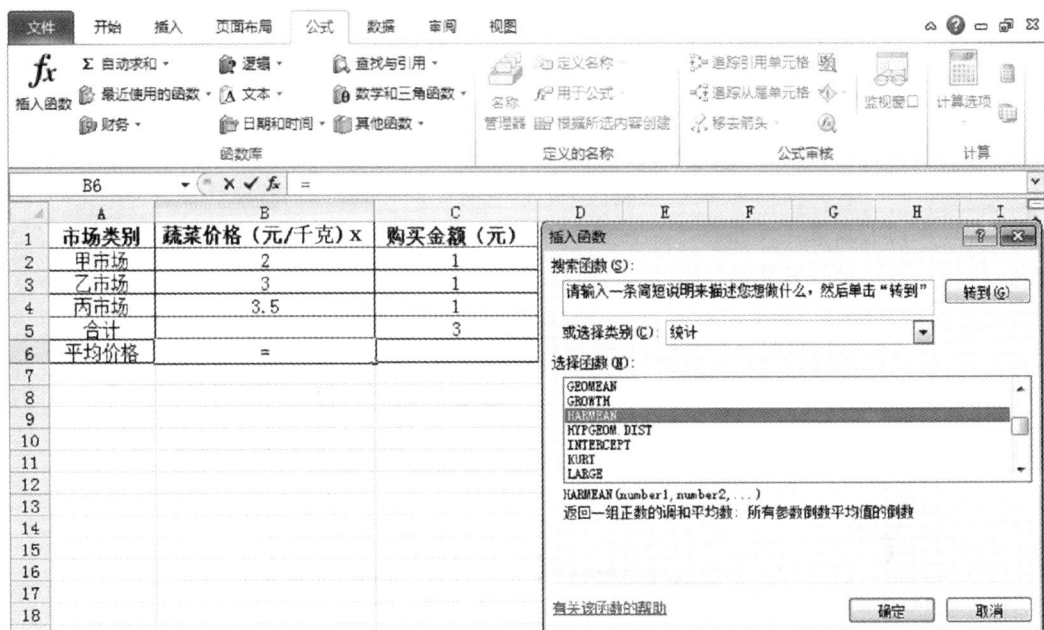

图4-8　"插入函数"对话框

（3）单击"确定"按钮，弹出"函数参数"对话框，在"Number1"文本框中输入"B2：B4"，单击"确定"按钮，即得到蔬菜的平均价格为2.680851064，如图4-9和图4-10所示。

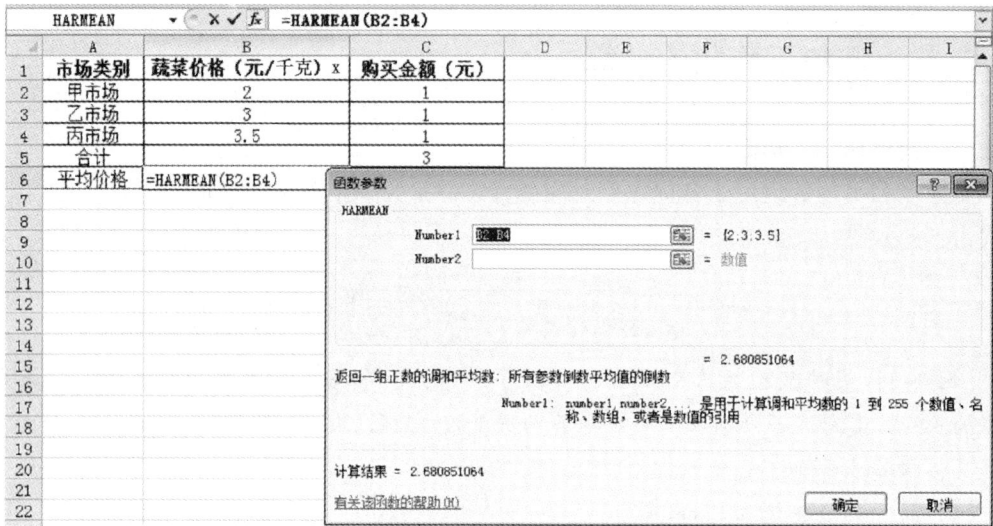

图 4-9   "函数参数"对话框

图 4-10   蔬菜平均价格

（4）如果要保留两位小数，则选中 B6 单元格，点击鼠标右键选择"设置单元格格式"，在出现的"设置单元格格式"对话框中选择"数字"，在"分类"列表框中选择"数值"，将"小数位数"确定为"2"，单击确定即可，具体如图 4-11 所示。

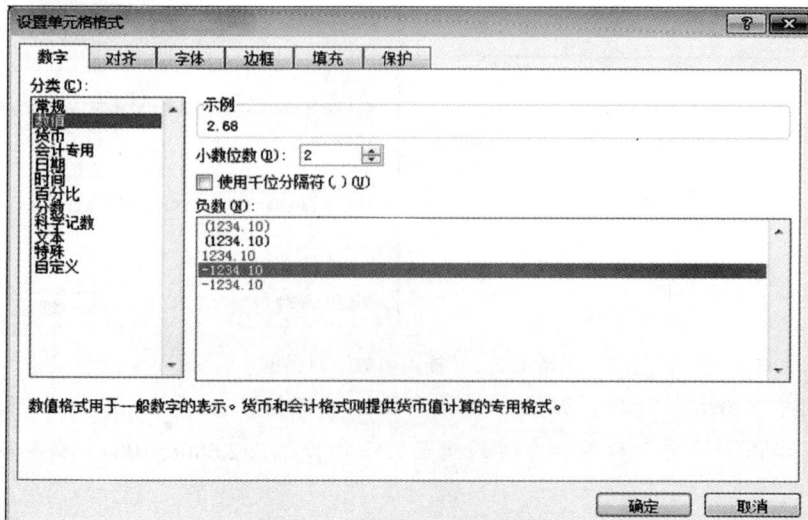

图 4-11   "设置单元格格式"对话框

二、加权调和平均数的计算

当各标志值对应的标志总量不是一个单位（或不相等）时，就要使用加权调和平均数，其计算公式为：

$$\overline{x}_h = \frac{m_1 + m_2 + \cdots + m_n}{\dfrac{m_1}{x_1} + \dfrac{m_2}{x_2} + \cdots + \dfrac{m_n}{x_n}} = \frac{\sum m}{\sum \dfrac{m}{x}}$$

【例4-4】某批发市场三种蔬菜的有关数据见表4-2，请计算蔬菜的平均价格。

表4-2　　　　　　　　　　　某批发市场三种蔬菜价格情况表

蔬菜名称	蔬菜价格 x（元/千克）	成交额 m（元）
甲	1.20	18 000
乙	0.50	12 500
丙	0.80	6 400
合计	—	36 900

具体操作步骤如下：

（1）将表4-2中的数据输入Excel，在D1单元格输入"成交数量（千克）m/x"，在A6单元格输入"蔬菜平均价格"。

（2）在D2单元格输入公式"=C2/B2"，按回车键得到甲蔬菜成交数量；之后选中单元格D2，再将光标移至D2单元格右下角，当光标变为小黑"+"时，按住鼠标左键并拖至D4区域后松开，得到乙蔬菜和丙蔬菜的成交数量，如图4-12所示。

	A	B	C	D
				fx =C2/B2
1	蔬菜名称	蔬菜价格（元/千克）x	成交额（元）m	成交数量（千克）m/x
2	甲	1.2	18000	15000
3	乙	0.5	12500	25000
4	丙	0.8	6400	8000
5	合计	—	36900	
6	蔬菜平均价格			

图4-12　计算成交数量

（3）在D5单元格输入公式"=SUM（D2：D4）"，按回车键，计算成交数量合计数，或者选中D2至D4单元格，单击"公式"下的"自动求和"按钮，计算成交数量合计数。

（4）在B6单元格中输入公式"=C5/D5"，按回车键得到三种蔬菜的平均价格为0.76875元/千克，如图4-13所示。如果要将计算结果保留两位小数，操作步骤如前所述。

	A	B	C	D
			fx =C5/D5	
1	蔬菜名称	蔬菜价格（元/千克）x	成交额（元）m	成交数量（千克）m/x
2	甲	1.2	18000	15000
3	乙	0.5	12500	25000
4	丙	0.8	6400	8000
5	合计	—	36900	48000
6	蔬菜平均价格	0.76875		

图4-13　三种蔬菜的平均价格

第三节　几何平均数的计算

一、简单几何平均数的计算

简单几何平均数就是 n 个标志值连乘积的 n 次方根，计算公式为：

$$x_G = \sqrt[n]{x_1 \cdot x_2 \cdots x_n}$$

【例 4-5】已知某工厂有 4 个流水作业车间，7 月份它们的产品合格率分别为 98%、97%、95%、90%，请计算这 4 个车间产品的平均合格率。

具体操作步骤如下：

（1）将原始数据输入 Excel 中。

（2）单击 B6 单元格，用于放置计算好的几何平均数，在"公式"菜单中选择"插入函数"，或直接单击编辑栏中的按钮 f_x，打开"插入函数"对话框；在"或选择类别"列表框中选择"统计"，在"选择函数"列表框中选择"GEOMEAN"，如图 4-14 所示。

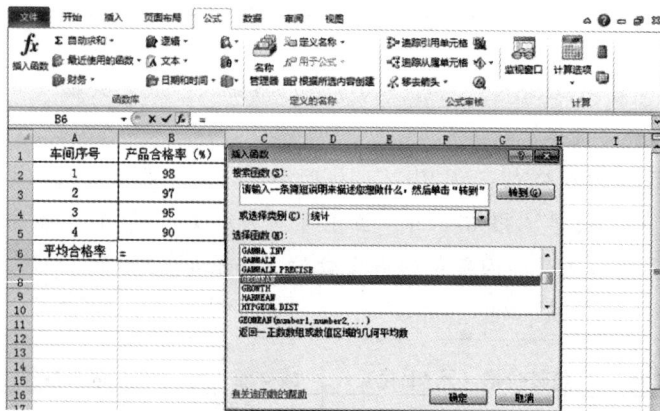

图 4-14　"插入函数"对话框

（3）单击"确定"按钮，弹出"函数参数"对话框，在"Number1"文本框中输入"B2：B5"，单击"确定"按钮，即得到 4 个车间产品的平均合格率为 94.95%（保留两位小数，处理步骤如前所述），如图 4-15 和图 4-16 所示。

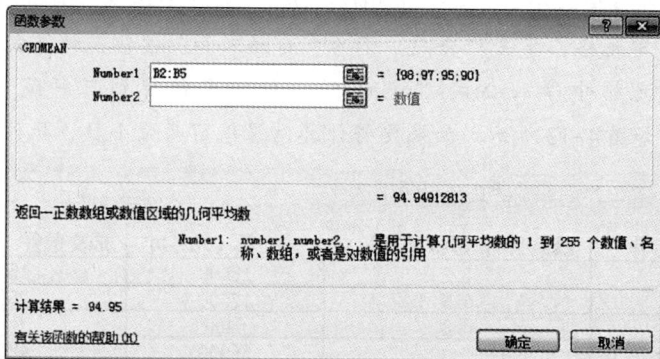

图 4-15　"函数参数"对话框

图 4-16　车间产品平均合格率

二、加权几何平均数的计算

当各个标志值的次数不相同时，应采用加权几何平均数，计算公式为：

$$\overline{x_G} = \sqrt[f_1 + f_2 + \cdots + f_n]{x_1^{f_1} \cdot x_2^{f_2} \cdots x_n^{f_n}}$$

【例 4-6】某投资银行某笔投资的年利率是按复利计算的，25年的年利率分配如下：有1年为3%，有4年为5%，有8年为8%，有10年为10%，有2年为15%，见表4-3。试计算25年该笔投资的平均年利率。

表 4-3　　　　　　　　　　　某投资年本利率统计表　　　　　　　　　　单位：年

年本利率 x	年数 f
103%	1
105%	4
108%	8
110%	10
115%	2
合　计	25

具体操作步骤如下：

（1）将表4-3中的数据输入Excel。

（2）在B8单元格中输入公式"｛=PRODUCT（B2：B6^C2：C6）^（1/SUM（C2：C6））｝"，然后按"Ctrl+Shift+Enter"，即得到平均年本利率为108.65%，平均年利率即为8.65%，如图4-17所示。

图 4-17　平均年本利率计算

第四节　众数的计算

一、根据未分组资料计算众数

【例4-7】有10位举重运动员的体重分别为：101千克、102千克、103千克、108千克、103千克、105千克、103千克、108千克、105千克、103千克，这10位运动员体重的众数是多少？

具体操作步骤如下：

（1）将10位举重运动员的体重输入 Excel。

（2）单击B12单元格，用于放置计算好的众数，在"公式"菜单中选择"插入函数"，或直接单击编辑栏中的按钮 f_x，打开"插入函数"对话框；在"或选择类别"列表框中选择"全部"，在"选择函数"列表框中选择"MODE"。

（3）单击"确定"按钮，弹出"函数参数"对话框，在"Number1"文本框中输入"B2：B11"，单击"确定"按钮，即得到10位运动员体重的众数为103千克，如图4-18和图4-19所示。

图4-18　"函数参数"对话框

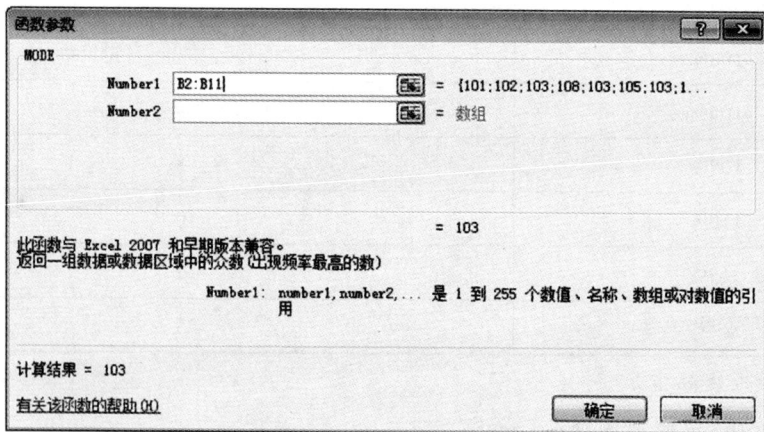

图4-19　运动员体重的众数

二、根据分组资料计算众数

由单项式分配数列确定众数比较简单，即出现次数最多的标志值就是众数；由组距式分配数列确定众数，应首先根据最多次数确定众数所在组，然后再用比例插值法推算众数的近似值，其计算公式如下。

下限公式：

$$M_o = L + \frac{\Delta_1}{\Delta_1 + \Delta_2} \cdot d$$

上限公式：

$$M_o = U - \frac{\Delta_2}{\Delta_1 + \Delta_2} \cdot d$$

式中：L 表示众数组的下限；

U 表示众数组的上限；

Δ_1 表示众数组次数与前一组次数之差；

Δ_2 表示众数组次数与后一组次数之差；

d 表示众数组的组距。

【例4-8】某企业工人日产量情况见表4-4，请计算工人日产量的众数。

表4-4   某企业工人日产量情况表

日产量 x（千克）	工人人数 f（人）
60 以下	10
60~70	19
70~80	50
80~90	36
90~100	27
100 以上	8
合计	150

具体操作步骤如下：

（1）确定众数所在组为"70~80"组，L 为70，U 为80，d 为10，Δ_1 为31，Δ_2 为14。

（2）将表4-4的数据输入 Excel，在 B9 单元格中输入下限公式"=70+31/（31+14）*10"，按回车键，即可得众数值为76.89千克；在 B10 单元格中输入上限公式"=80-14/（31+14）*10"，按回车键，也可得众数值，如图4-20所示。

	A	B	C
	B9	f_x =70+31/(31+14)*10	
1	**日产量（千克）x**	**工人人数（人）f**	
2	60以下	10	
3	60~70	19	
4	70~80	**50**	
5	80~90	36	
6	90~100	27	
7	100以上	8	
8	合计	150	
9	下限公式	76.89	
10	上限公式	76.89	

图4-20 工人日产量众数

第五节　中位数的计算

一、根据未分组资料计算中位数

【例 4-9】某企业 6 名工人日生产产品件数分别为：23，26，23，30，29，32。计算中位数是多少。

具体操作步骤如下：

（1）将 6 名工人日生产产品件数输入 Excel。

（2）单击 B8 单元格，用于放置计算好的中位数，在"公式"菜单中选择"插入函数"，或直接单击编辑栏中的按钮 f_x，打开"插入函数"对话框；在"或选择类别"列表框中选择"统计"，在"选择函数"列表框中选择"MEDIAN"。

（3）单击"确定"按钮，弹出"函数参数"对话框，在"Number1"文本框中输入"B2：B7"，单击"确定"按钮，即得到中位数为 27.5 件，如图 4-21 和图 4-22 所示。

图 4-21　"函数参数"对话框

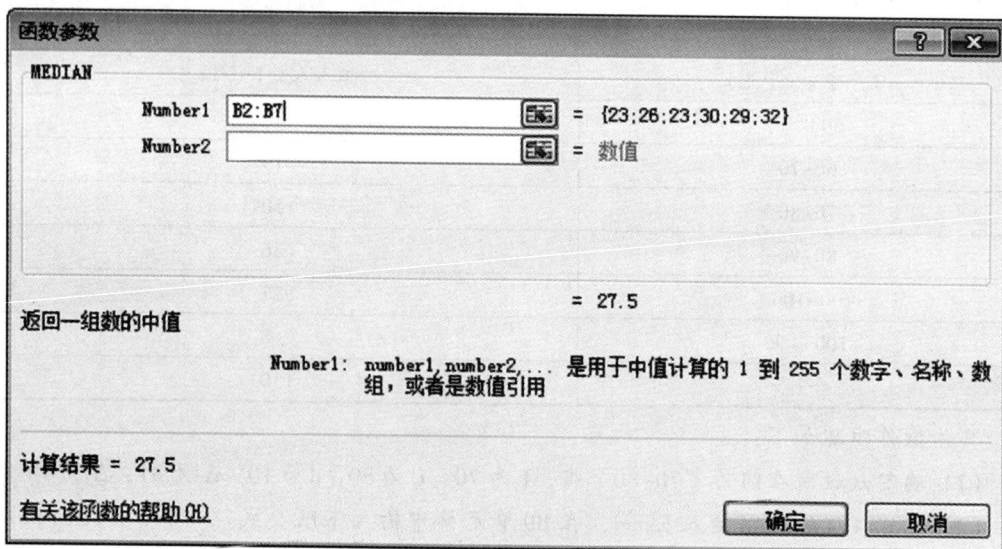

图 4-22　6 名工人日生产产品件数的中位数

二、根据分组资料计算中位数

根据单项式分配数列计算中位数，要计算向上累计或向下累计，按$\dfrac{\sum f}{2}$确定中位数的位置，该位置对应的标志值即中位数。

根据组距式分配数列计算中位数，应先计算向上累计或向下累计，按$\dfrac{\sum f}{2}$确定中位数所在组的位置，再根据比例插值法计算中位数的近似值，其计算公式如下。

下限公式：

$$M_e = L + \frac{\dfrac{\sum f}{2} - S_{m-1}}{f_m} \cdot d$$

上限公式：

$$M_e = U - \frac{\dfrac{\sum f}{2} - S_{m+1}}{f_m} \cdot d$$

式中：L表示中位数所在组的下限；

U表示中位数所在组的上限；

S_{m-1}表示中位数所在组以前各组的累计次数；

S_{m+1}表示中位数所在组以后各组的累计次数；

f_m表示中位数所在组的次数；

d表示中位数所在组的组距。

【例4-10】某企业工人日产量情况见表4-5，请计算中位数。

表4-5　　　　　　　　　　　　　某企业工人日产量情况表

日产量x（千克）	工人人数f（人）	向上累计次数	向下累计次数
60以下	10	10	150
60~70	19	29	140
70~80	50	79	121
80~90	36	115	71
90~100	27	142	35
100以上	8	150	8
合计	150	—	—

具体操作步骤如下：

（1）根据$\dfrac{\sum f}{2}$=75确定中位数所在组为"70~80"组，则L为70，U为80，S_{m-1}为29，S_{m+1}为71，f_m为50，d为10。

（2）将表4-5的数据输入Excel，在B9单元格输入下限公式"=70+（75-29）/50*10"，即得中位数为79.2千克；在B10单元格输入上限公式"=80-（75-71）/50*10"，也可计算出中位数，如图4-23所示。

B9		f_x	=70+(75-29)/50*10	
	A	B	C	D
1	日产量（千克）x	工人人数（人）f	向上累计次数	向下累计次数
2	60以下	10	10	150
3	60~70	19	29	140
4	70~80	50	79	121
5	80~90	36	115	71
6	90~100	27	142	35
7	100以上	8	150	8
8	合计	150	—	—
9	下限公式	79.20		
10	上限公式	79.20		

图 4-23　工人日产量中位数

第六节　标志变异指标的计算

标志变异指标综合反映总体各单位标志变异程度，主要有全距、平均差、方差、标准差和标志变异系数等。这里主要介绍如何利用 Excel 计算方差、标准差。

一、根据未分组资料计算方差和标准差

【例 4-11】已知 5 名工人日产零件数分别为 12，13，14，15，14，请计算方差和标准差。

具体操作步骤如下：

（1）将 5 名工人日产零件数输入 Excel。

（2）单击 B7 单元格，用于放置计算好的方差，在"公式"菜单中选择"插入函数"，或直接单击编辑栏中的按钮 f_x，打开"插入函数"对话框；在"或选择类别"列表框中选择"统计"，在"选择函数"列表框中选择"VAR.P"。单击"确定"按钮，弹出"函数参数"对话框，在"Number1"文本框中输入"B2：B6"，单击"确定"按钮，即得到方差为 1.04 件，如图 4-24 所示。

B7		f_x	=VAR.P(B2:B6)	
	A	B	C	D
1	序号	日产零件数（件）		
2	1	12		
3	2	13		
4	3	14		
5	4	15		
6	5	14		
7	方差	1.04		

图 4-24　方差计算

（3）单击 B8 单元格，用于放置计算好的标准差，在"公式"菜单中选择"插入函数"，或直接单击编辑栏中的按钮 f_x，打开"插入函数"对话框；在"或选择类别"列表框中选择"统计"，在"选择函数"列表框中选择"STDEV.P"。单击"确定"按钮，弹出"函数参数"对话框，在"Number1"文本框中输入"B2：B6"，单击"确定"按钮，即得到标准差为1.02件，如图4-25所示。

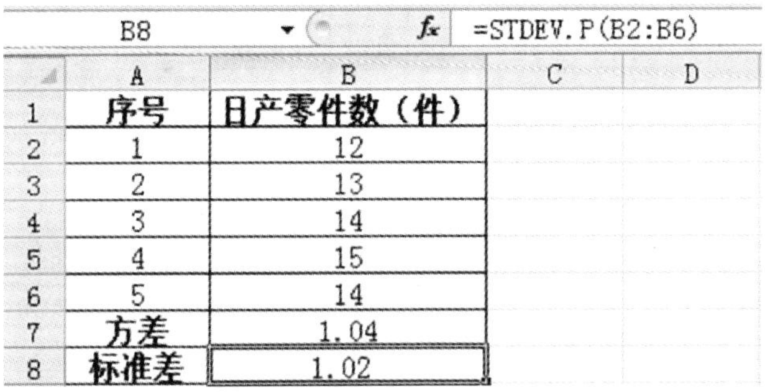

B8 =STDEV.P(B2:B6)

	A	B	C	D
1	序号	日产零件数（件）		
2	1	12		
3	2	13		
4	3	14		
5	4	15		
6	5	14		
7	方差	1.04		
8	标准差	1.02		

图4-25　标准差计算

二、根据分组资料计算方差和标准差

资料分组情况下，方差和标准差的计算公式如下。

方差：

$$\sigma^2=\frac{\sum(x-\bar{x})^2f}{\sum f}$$

标准差：

$$\sigma=\sqrt{\frac{\sum(x-\bar{x})^2f}{\sum f}}$$

【例4-12】某乡镇农民的年收入水平资料见表4-6，请计算方差和标准差。

表4-6　　某乡镇农民年收入情况表　　金额单位：元

人均年收入	组中值x	家庭数f（户）
10 000~12 000	11 000	10
12 000~14 000	13 000	8
14 000~16 000	15 000	24
16 000~18 000	17 000	9
18 000~20 000	19 000	5
合计	—	56

具体操作步骤如下：

（1）将表4-6中的数据输入Excel。

（2）在D2单元格输入公式"=B2*C2"，按回车键，然后将光标定位在D2单元格右下角，当光标变为小十字（即填充柄）时，按住鼠标左键并拖动，将公式复制到D3至D6单元格。

（3）在D7单元格输入公式"=SUM（D2：D6）"，按回车键，计算D2到D6单元格的合计数。

（4）在B8单元格中输入公式"=D7/C7"，按回车键，计算农民年收入的算术平均数为14 678.57元，如图4-26所示。

	B8		▼	fx	=D7/C7	
	A	B		C		D
1	人均年收入（元）	组中值 x		家庭数（户）f		xf
2	10000~12000	11000		10		110000
3	12000~14000	13000		8		104000
4	14000~16000	15000		24		360000
5	16000~18000	17000		9		153000
6	18000~20000	19000		5		95000
7	合计			56		822000
8	平均数	14678.57				

图 4-26　农民年收入的算术平均数

（5）在 E2 单元格输入公式"=B2-\$B\$8"，按回车键，计算离差值。然后使用填充柄将公式复制到 E3 至 E6 单元格。

（6）在 F2 单元格输入公式"=E2^2*C2"，按回车键，然后使用填充柄将公式复制到 F3 至 F6 单元格。

（7）在 F7 单元格输入公式"=SUM（F2：F6）"，按回车键，计算 F2 至 F6 的合计数。

（8）在 B9 单元格输入公式"=F7/C7"，按回车键，计算得到方差值为 5 396 683.67，如图 4-27 所示。

	B9	▼	fx	=F7/C7		
	A	B	C	D	E	F
1	人均年收入（元）	组中值 x	家庭数（户）f	xf	$x-\bar{x}$	$(x-\bar{x})^2 f$
2	10000~12000	11000	10	110000	-3678.57	135318878
3	12000~14000	13000	8	104000	-1678.57	22540816
4	14000~16000	15000	24	360000	321.43	2479591.8
5	16000~18000	17000	9	153000	2321.43	48501276
6	18000~20000	19000	5	95000	4321.43	93373724
7	合计		56	822000		302214286
8	平均数	14678.57				
9	方差	5396683.67				

图 4-27　计算方差

（9）在 B10 单元格输入公式"=SQRT（B9）"，按回车键，即求得标准差为 2 323.08，如图 4-28 所示。

	B10	▼	fx	=SQRT(B9)			
	A	B	C	D	E	F	G
1	人均年收入（元）	组中值 x	家庭数（户）f	xf	$x-\bar{x}$	$(x-\bar{x})^2 f$	
2	10000-12000	11000	10	110000	-3678.57	135318878	
3	12000-14000	13000	8	104000	-1678.57	22540816	
4	14000-16000	15000	24	360000	321.43	2479591.8	
5	16000-18000	17000	9	153000	2321.43	48501276	
6	18000-20000	19000	5	95000	4321.43	93373724	
7	合计		56	822000		302214286	
8	平均数	14678.57					
9	方差	5396683.67					
10	标准差	2323.08					

图 4-28　计算标准差

第七节 利用"数据分析"工具进行描述性统计

【例4-13】某企业工人日加工零件数情况见表4-7,请用Excel进行描述性统计分析。

表4-7 工人日加工零件数情况表 单位:件

序号	日加工零件数	序号	日加工零件数
1	117	9	134
2	108	10	114
3	110	11	124
4	112	12	125
5	108	13	123
6	122	14	127
7	131	15	120
8	118	16	129

具体操作步骤如下:

(1) 将表4-7中的数据输入Excel。

(2) 从"数据"菜单中选择"数据分析"选项,打开"数据分析"对话框,选择"描述统计",如图4-29所示。

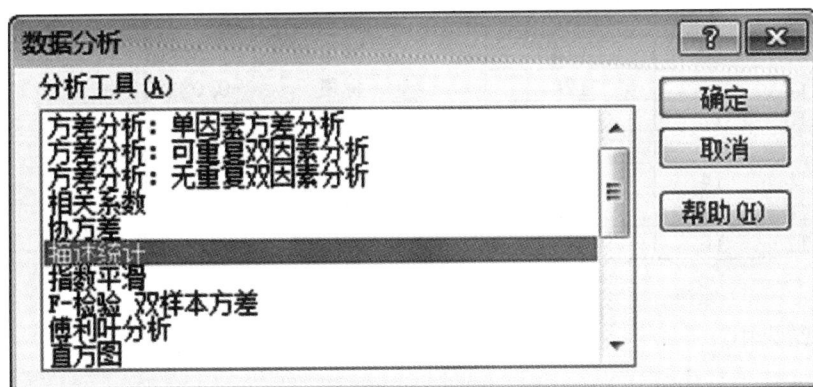

图4-29 "数据分析"对话框

(3) 单击"确定"按钮,打开"描述统计"对话框。在"输入区域"中输入原始数据区域"$B$1:$B$17","分组方式"选"逐列",勾选"标志位于第一行",在"输出区域"中任选一单元格(作为输出结果的区域,此处选"$D$3"),勾选"汇总统计",如图4-30所示。

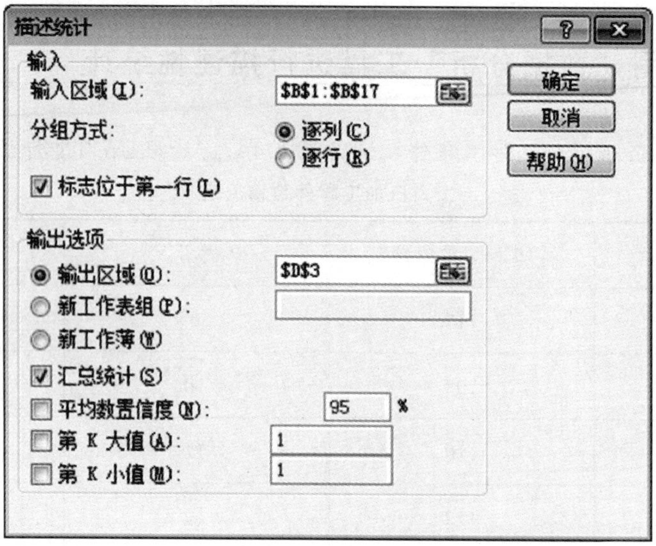

图4-30　“描述统计”对话框

（4）单击“确定”按钮，生成输出结果，如图4-31所示。

E26　f_x

	A	B	C	D	E	F
1	序号	日加工零件数				
2	1	117				
3	2	108		日加工零件数		
4	3	110				
5	4	112		平均	120.125	
6	5	108		标准误差	2.043027	
7	6	122		中位数	121	
8	7	131		众数	108	
9	8	118		标准差	8.172107	
10	9	134		方差	66.78333	
11	10	114		峰度	-1.02861	
12	11	124		偏度	-0.03123	
13	12	125		区域	26	
14	13	123		最小值	108	
15	14	127		最大值	134	
16	15	120		求和	1922	
17	16	129		观测数	16	

图4-31　描述统计输出结果

在输出结果中：

平均——算术平均数；

峰度——衡量频数分布集中程度的指标；

偏度——反映偏斜程度的指标；

区域——全距。

采用分析工具中的描述统计功能，可大大简化统计指标的计算步骤，不必使用统计函数或公式去求解每一个统计量，有利于提高统计效率。

练习题

1.某企业员工某月销售额资料见表4-8。

表4-8　　　　　　　　　　　　某企业员工月销售额情况表

销售量（件）	员工数（人）
700~800	20
800~900	70
900~1 000	37
1 000~1 100	43
1 100~1 200	30
合计	200

要求：请用Excel计算员工月销售额平均数、众数、中位数和标准差。

2.某企业50位工人日生产零件数分别为：117，108，110，112，137，122，131，118，134，114，124，125，123，127，120，129，117，126，123，139，128，122，133，119，124，107，133，135，113，117，115，126，128，123，122，130，139，120，127，122，118，118，127，124，125，108，112，118，121，123。

要求：请利用数据分析工具计算描述性统计量。

实验五

动态数列分析

实验目的

　　掌握如何利用Excel进行动态数列的水平分析指标、速度分析指标的计算和长期趋势的测定与预测。

实验要求

　　1.运用Excel的公式和函数计算水平分析指标、速度分析指标。
　　2.利用Excel进行长期趋势的测定与预测。

动态数列分析

寓德于教

构建新发展格局　经济实力实现历史性跃升①

　　"我们提出并贯彻新发展理念,着力推进高质量发展,推动构建新发展格局,实施供给侧结构性改革,制定一系列具有全局性意义的区域重大战略,我国经济实力实现历史性跃升。国内生产总值从五十四万亿元增长到一百一十四万亿元,我国经济总量占世界经济的比重达百分之十八点五,提高七点二个百分点,稳居世界第二位;人均国内生产总值从三万九千八百元增加到八万一千元。谷物总产量稳居世界首位,十四亿多人的粮食安全、能源安全得到有效保障。城镇化率提高十一点六个百分点,达到百分之六十四点七。"党的二十大报告中这些振奋人心的数据,隐含了增长量、增长速度等动态分析指标,通过该指标的解读可感悟到十年来我国经济实力实现历史性跃升。

　　请思考:

　　1.上述数据中属于增长量、增长速度等动态分析指标的有哪些?

　　2.如何计算国内生产总值增长量及增长速度?

第一节　水平分析指标的计算

一、平均发展水平的计算

　　由于数列种类不同,计算平均发展水平采用的计算方法也不同,包括简单算术平均、加权算术平均、首尾折半法等方法。

　　【例5-1】某商店20××年第二季度各月商品销售额和月末销售员人数见表5-1,请用

---

　　① 习近平. 高举中国特色社会主义伟大旗帜 为全面建设社会主义现代化国家而团结奋斗——在中国共产党第二十次全国代表大会上的报告 [EB/OL]. [2022-10-16]. https://www.gov.cn/xinwen/2022-10/25/content_5721685.htm.

Excel计算第二季度该店平均每月商品销售额，第二季度平均销售员人数，第二季度平均每月销售员人均销售额。

表 5-1　　　　某商店20××年第二季度各月及3月商品销售额和月末销售员人数数据

月份	3	4	5	6
商品销售额（万元）	—	198	177	216.9
月末销售员人数（人）	210	240	232	250

具体操作步骤如下：

（1）将表5-1中的数据输入Excel表格中，在单元格A7、A8、A9中分别输入"第二季度平均每月商品销售额""第二季度平均销售员人数""第二季度平均每月销售员人均销售额"。

（2）选择B7单元格，在"公式"菜单中选择"插入函数"，或直接单击编辑栏中的按钮 f_x，打开"插入函数"对话框；在"或选择类别"列表框中选择"常用函数"或"统计"，在"选择函数"列表框中选择"AVERAGE"，如图5-1所示。

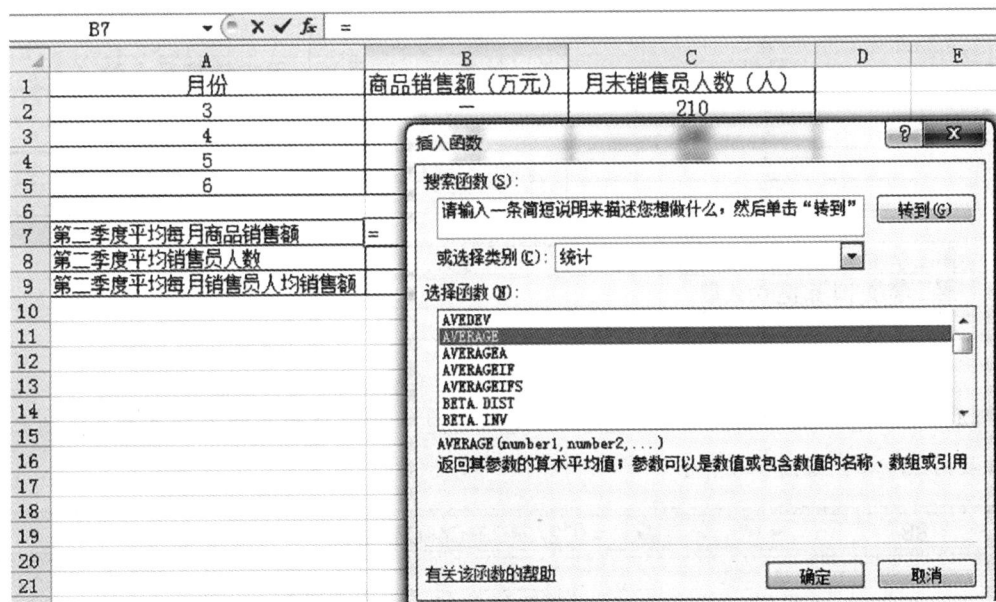

图5-1　"插入函数"对话框

（3）单击"确定"按钮，弹出"函数参数"对话框，在"Number1"文本框中输入"B3：B5"，单击"确定"按钮，即得到第二季度平均每月商品销售额为197.3万元，如图5-2和图5-3所示。

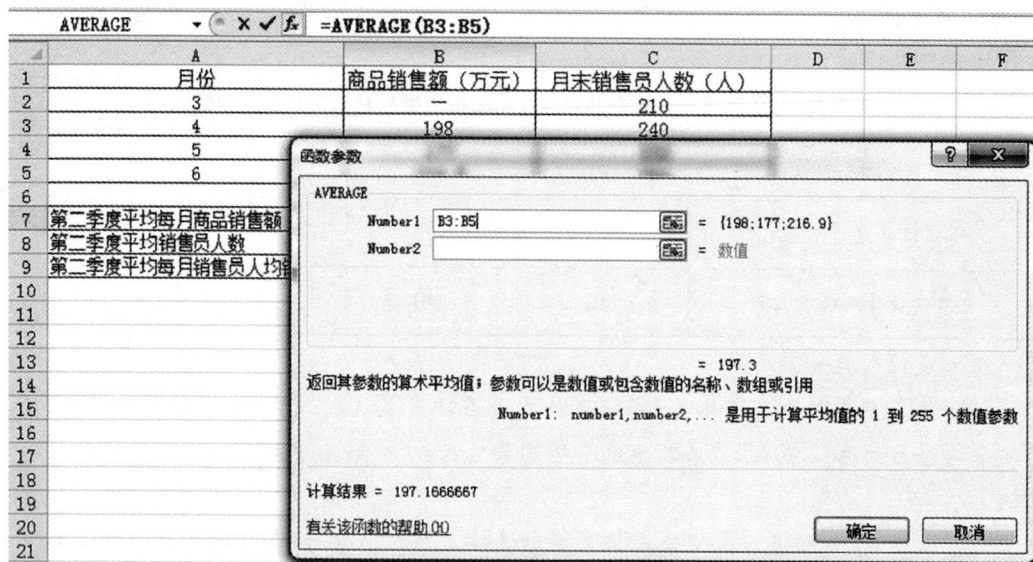

图 5-2　"函数参数"对话框

图 5-3　第二季度平均每月商品销售额

（4）在单元格 B8 中输入"=（C2/2+C3+C4+C5/2）/3"，按回车键得第二季度平均销售员人数为 234 人，如图 5-4 所示。

图 5-4　第二季度平均销售员人数

（5）在单元格B9中输入"=B7/B8"，按回车键得第二季度平均每月销售员人均销售额为0.843162393万元，如图5-5所示。

	A	B	C
	B9	▼	fx =B7/B8
	A	B	C
1	月份	商品销售额（万元）	月末销售员人数（人）
2	3	—	210
3	4	198	240
4	5	177	232
5	6	216.9	250
6			
7	第二季度平均每月商品销售额	197.3	
8	第二季度平均销售员人数	234	
9	第二季度平均每月销售员人均销售额	0.843162393	

图5-5　第二季度平均每月销售员人均销售额

（6）如果要保留两位小数，则选中B9单元格，点击鼠标右键，选择"设置单元格格式"，在出现的"设置单元格格式"对话框中选择"数字"，在"分类"列表框中选择"数值"，将"小数位数"确定为"2"，单击"确定"即可，如图5-6所示。

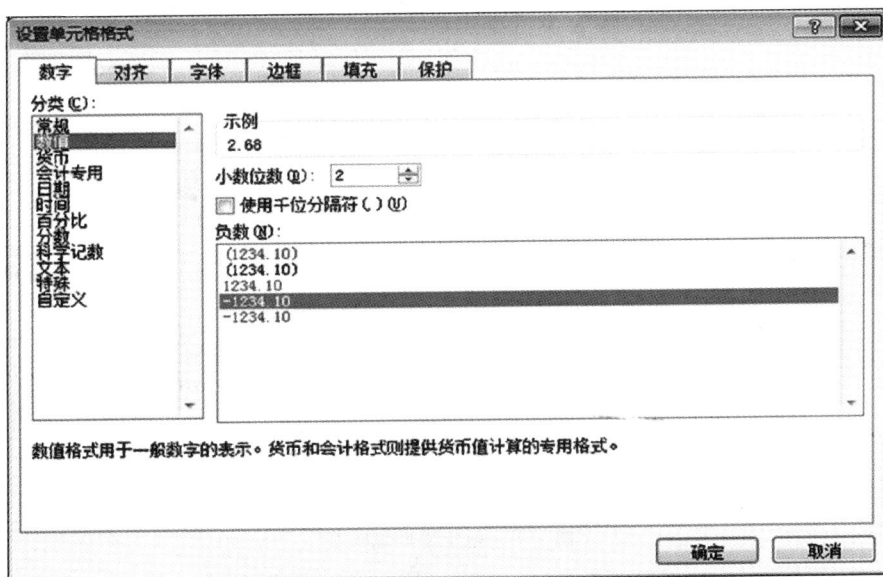

图5-6　"设置单元格格式"对话框

二、增长量和平均增长量的计算

增长量也称增长水平，是报告期发展水平与基期发展水平之差。增长量有逐期增长量和累计增长量之分，这两个指标的公式分别为：

逐期增长量＝报告期水平－前期水平

累计增长量＝报告期水平－固定基期水平

平均增长量是指动态数列中各逐期增长量的序时平均数，用以反映在某一时期内各期增长绝对数量的一般水平，其计算公式为：

$$平均增长量 = \frac{逐期增长量之和}{逐期增长量个数} = \frac{累计增长量}{时间数列项数 - 1}$$

【例 5-2】某企业 2017—2022 年的产量资料见表 5-2，请用 Excel 计算 2017—2022 年产量的逐期增长量、累计增长量及平均增长量。

表 5-2   某企业 2017—2022 年的产量   单位：万件

年份	2017	2018	2019	2020	2021	2022
发展水平：产量	21	20	18	22	21	23

具体操作步骤如下：

（1）将表 5-2 的数据输入 Excel 表格中。

（2）在单元格 A3、A4、A6 中分别输入"逐期增长量""累计增长量""平均增长量"。

（3）在单元格 C3 中输入"=C2-B2"，按回车键得 2018 年的逐期增长量，如图 5-7 所示。

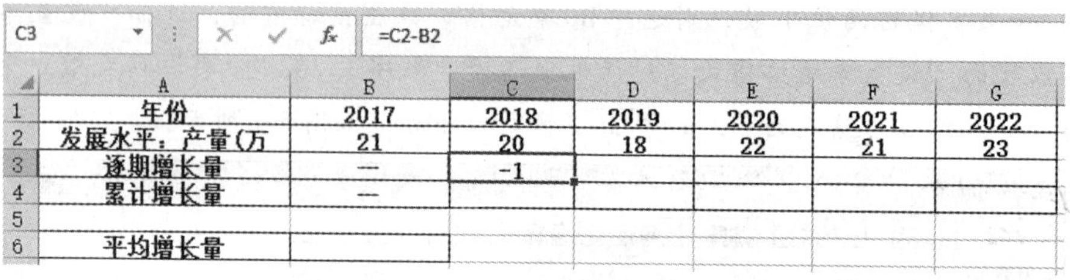

图 5-7   2018 年逐期增长量

（4）选中 C3 单元格，把光标移至单元格的右下角，当光标变为黑十字星（填充柄）时，按住鼠标左键并拖到 G3 区域松开，得 2019—2022 各年的逐期增长量，如图 5-8 所示。

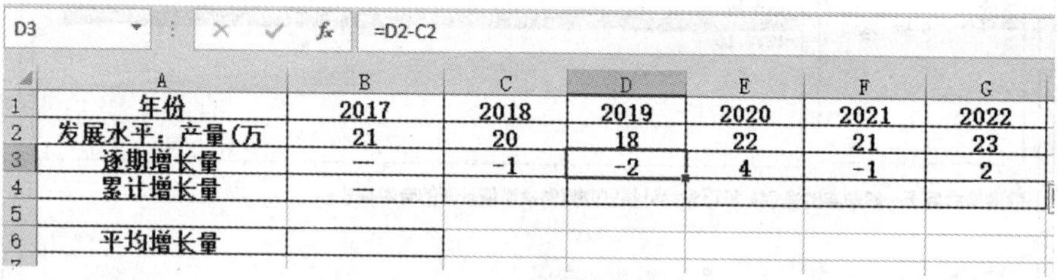

图 5-8   各年逐期增长量

（5）选择单元格 C4，输入"=C2-$B$2"，按回车键得 2018 年的累计增长量，再把光标移至单元格 C4 的右下角，当光标变为黑十字星（填充柄）时，按住鼠标左键并拖到 G4 区域松开，得 2019—2022 各年的累计增长量，如图 5-9 所示。

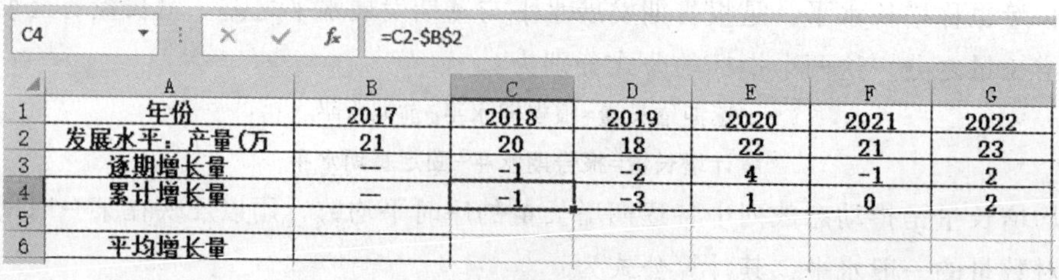

图 5-9   2018—2022 年各年累计增长量

（6）选择单元格 B6，在其中输入"=G4/（6-1）"，按回车键得平均增长量；或者输入"=（C3+D3+E3+F3+G3）/5"，按回车键得平均增长量，如图 5-10 和图 5-11 所示。

B6		× ✓ f_x	=G4/(6-1)			
	A	B	C	D	E	F	G
1	年份	2017	2018	2019	2020	2021	2022
2	发展水平：产量（万	21	20	18	22	21	23
3	逐期增长量	—	-1	-2	4	-1	2
4	累计增长量	—	-1	-3	1	0	2
5							
6	平均增长量	0.4					

图 5-10　2018—2022 年的平均增长量

B6		× ✓ f_x	=(C3+D3+E3+F3+G3)/5			
	A	B	C	D	E	F	G
1	年份	2017	2018	2019	2020	2021	2022
2	发展水平：产量（万	21	20	18	22	21	23
3	逐期增长量	—	-1	-2	4	-1	2
4	累计增长量	—	-1	-3	1	0	2
5							
6	平均增长量	0.4					

图 5-11　2018—2022 年的平均增长量

第二节　速度分析指标的计算

一、发展速度

发展速度是表明社会经济现象在一定时期内的发展方向及发展程度的相对指标，是由两个不同时期发展水平相对比而求得的。其公式为：

$$发展速度 = \frac{报告期水平}{基期水平} \times 100\%$$

由于采用的基期不同，可以将其分为环比发展速度和定基发展速度。

环比发展速度：

$$\frac{a_1}{a_0}, \frac{a_2}{a_1}, \cdots, \frac{a_n}{a_{n-1}}$$

定基发展速度：

$$\frac{a_1}{a_0}, \frac{a_2}{a_0}, \cdots, \frac{a_n}{a_0}$$

二、增长速度

增长速度是说明社会经济现象的增长程度的相对指标，它是增长量与基期水平的比值，表示报告期水平比基期水平增长（或降低）了百分之几或若干倍。其计算公式为：

$$增长速度 = \frac{增长量}{基期水平} \times 100\% = 发展速度 - 1$$

由于采用的基期不同，增长速度可以分为环比增长速度和定基增长速度。

$$环比增长速度=\frac{逐期增长量}{前一基期水平}\times 100\%=环比发展速度-1$$

$$定基增长速度=\frac{累计增长量}{某一固定基期水平}\times 100\%=定基发展速度-1$$

三、平均发展速度和平均增长速度

平均发展速度是动态数列中各个环比发展速度的平均数，用以反映社会经济现象在一段较长时间内平均发展变化的程度。

我国计算平均发展速度有两种方法：水平法和累计法。

水平法的计算公式为：

$$\bar{x}=\sqrt[n]{\frac{a_1}{a_0}\cdot\frac{a_2}{a_1}\cdot\frac{a_3}{a_2}\cdots\frac{a_n}{a_{n-1}}}=\sqrt[n]{\frac{a_n}{a_0}}$$

平均发展速度与平均增长速度的关系是：平均增长速度=平均发展速度-1。

【例5-3】2017—2022年某地区生产总值见表5-3。请用Excel计算2017—2022年某地区生产总值的环比发展速度、定基发展速度、环比增长速度、定基增长速度、平均发展速度和平均增长速度。

表5-3　　2017—2022年的某地区生产总值　　单位：亿元

年份	2017	2018	2019	2020	2021	2022
生产总值	159 878.34	184 937.37	216 314.43	265 810.31	314 045.43	340 506.87

具体操作步骤如下：

（1）将表5-3中的数据输入Excel表格中。

（2）在单元格A3，A4，A5，A6，A8，A9中分别输入“环比发展速度（%）”“定基发展速度（%）”“环比增长速度（%）”“定基增长速度（%）”“平均发展速度（%）”“平均增长速度（%）”。

（3）在单元格C3中输入“=C2/B2*100”，按回车键得2018年的环比发展速度，如图5-12所示。

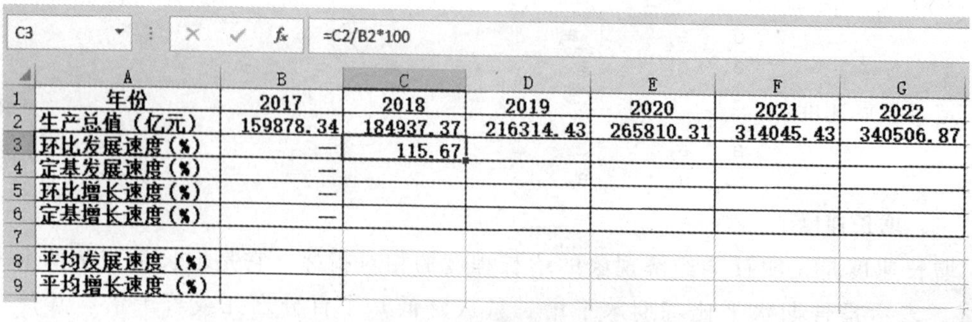

C3　=C2/B2*100

	A	B	C	D	E	F	G
1	年份	2017	2018	2019	2020	2021	2022
2	生产总值（亿元）	159878.34	184937.37	216314.43	265810.31	314045.43	340506.87
3	环比发展速度(%)	—	115.67				
4	定基发展速度(%)	—					
5	环比增长速度(%)	—					
6	定基增长速度(%)	—					
7							
8	平均发展速度（%）						
9	平均增长速度（%）						

图5-12　2018年环比发展速度值

（4）如果要保留两位小数，则选中C3单元格，点击鼠标右键，选择“设置单元格格式”，在出现的“设置单元格格式”对话框中选择“数字”，在“分类”列表框中选择“数值”，将“小数位数”确定为“2”，单击确定即可，如图5-13所示。

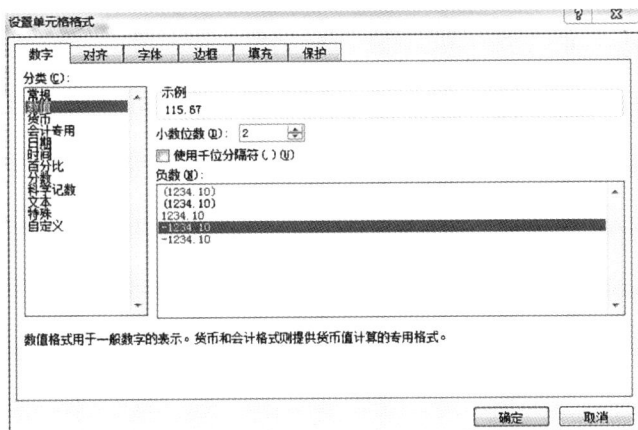

图 5-13　"设置单元格格式"对话框

（5）选中 C3 单元格，把光标移至单元格的右下角，当光标为黑十字星（填充柄）时，按住鼠标左键并拖到 G3 区域松开，得到 2019—2022 年各年的环比发展速度，如图 5-14 所示。

年份	2017	2018	2019	2020	2021	2022
生产总值（亿元）	159878.34	184937.37	216314.43	265810.31	314045.43	340506.87
环比发展速度（%）	—	115.67	116.97	122.88	118.15	108.43
定基发展速度（%）	—					
环比增长速度（%）	—					
定基增长速度（%）	—					
平均发展速度（%）						
平均增长速度（%）						

图 5-14　2019—2022 年各年环比发展速度

（6）在单元格 C4 中输入"=C2/\$B\$2*100"，按回车键后得到 2018 年的定基发展速度，把光标移至单元格 C4 右下角，当光标变为黑十字星（填充柄）时，按住鼠标左键并拖到 G4 区域松开，得到 2019—2022 年各年定基发展速度，同时重复（4）的操作保留两位小数，如图 5-15 所示。

C4 ▾ ⋮ ✕ ✓ fx =C2/\$B\$2*100

	A	B	C	D	E	F	G
1	年份	2017	2018	2019	2020	2021	2022
2	生产总值（亿元）	159878.34	184937.37	216314.43	265810.31	314045.43	340506.87
3	环比发展速度（%）	—	115.67	116.97	122.88	118.15	108.43
4	定基发展速度（%）	—	115.67	135.30	166.26	196.43	212.98
5	环比增长速度（%）	—					
6	定基增长速度（%）	—					
7							
8	平均发展速度（%）						
9	平均增长速度（%）						

图 5-15　2018—2022 年各年定基发展速度

（7）在单元格 C5 中输入"=C3-100"，按回车键后得到 2018 年的环比增长速度，再把光标移至单元格 C5 右下角，当光标变为黑十字星（填充柄）时，按住鼠标左键并拖到 G5 区域松开，得 2018—2022 年各年的环比增长速度，如图 5-16 所示。

C5			fx	=C3-100			
	A	B	C	D	E	F	G
1	年份	2017	2018	2019	2020	2021	2022
2	生产总值（亿元）	159878.34	184937.37	216314.43	265810.31	314045.43	340506.87
3	环比发展速度（%）	—	115.67	116.97	122.88	118.15	108.43
4	定基发展速度（%）	—	115.67	135.30	166.26	196.43	212.98
5	环比增长速度（%）	—	15.67	16.97	22.88	18.15	8.43
6	定基增长速度（%）	—					
7							
8	平均发展速度（%）						
9	平均增长速度（%）						

图 5-16　2018—2022 年各年环比增长速度

（8）在单元格 C6 中输入 "=C4-100"，按回车键后得到 2018 年的定基增长速度，再把光标移至单元格 C6 右下角，当光标变为黑十字星（填充柄）时，按住鼠标左键并拖到 G6 区域松开，得 2018—2022 年各年的定基增长速度，如图 5-17 所示。

C6			fx	=C4-100			
	A	B	C	D	E	F	G
1	年份	2017	2018	2019	2020	2021	2022
2	生产总值（亿元）	159878.34	184937.37	216314.43	265810.31	314045.43	340506.87
3	环比发展速度（%）	—	115.67	116.97	122.88	118.15	108.43
4	定基发展速度（%）	—	115.67	135.30	166.26	196.43	212.98
5	环比增长速度（%）	—	15.67	16.97	22.88	18.15	8.43
6	定基增长速度（%）	—	15.67	35.30	66.26	96.43	112.98
7							
8	平均发展速度（%）						
9	平均增长速度（%）						

图 5-17　2018—2022 年各年定基增长速度

（9）选中 B8 单元格，在"公式"菜单中选择"插入函数"，或直接单击编辑栏中的按钮 fx，打开"插入函数"对话框；在"或选择类别"列表框中选择"统计"，在"选择函数"列表框中选择"GEOMEAN"函数，如图 5-18 所示。

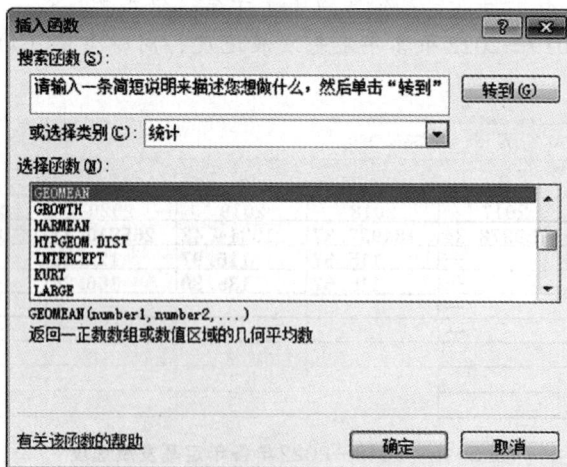

图 5-18　"插入函数"对话框

（10）单击"确定"按钮，弹出"函数参数"对话框，在"Number1"文本框中输入"C3：G3"，单击"确定"按钮，即得到平均发展速度为 116.3234434，同时重复（4）的操作保留两位小数，如图5-19和图5-20所示。

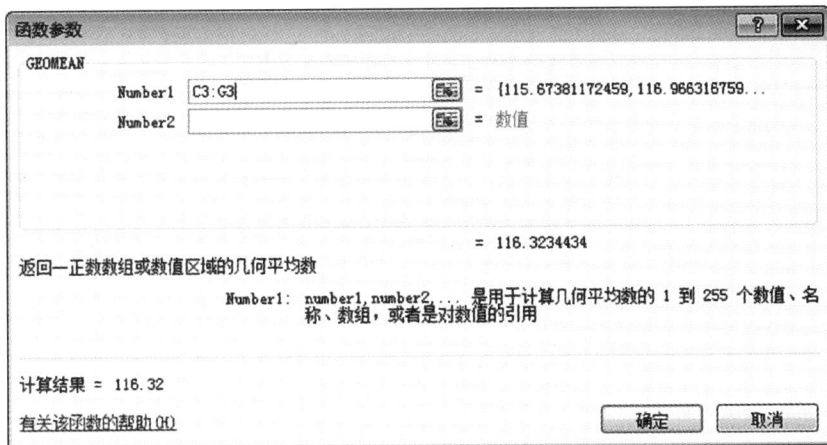

图5-19　"函数参数"对话框

年份	2017	2018	2019	2020	2021	2022
生产总值（亿元）	159878.34	184937.37	216314.43	265810.31	314045.43	340506.87
环比发展速度（%）	—	115.67	116.97	122.88	118.15	108.43
定基发展速度（%）	—	115.67	135.30	166.26	196.43	212.98
环比增长速度（%）		15.67	16.97	22.88	18.15	8.43
定基增长速度（%）		15.67	35.30	66.26	96.43	112.98
平均发展速度（%）	116.32					
平均增长速度（%）						

图5-20　平均发展速度值

（11）在单元格B9中输入"=B8-100"，按回车键后得平均增长速度，如图5-21所示。

年份	2017	2018	2019	2020	2021	2022
生产总值（亿元）	159878.34	184937.37	216314.43	265810.31	314045.43	340506.87
环比发展速度（%）	—	115.67	116.97	122.88	118.15	108.43
定基发展速度（%）	—	115.67	135.30	166.26	196.43	212.98
环比增长速度（%）		15.67	16.97	22.88	18.15	8.43
定基增长速度（%）		15.67	35.30	66.26	96.43	112.98
平均发展速度（%）	116.32					
平均增长速度（%）	16.32					

图5-21　平均增长速度值

第三节　长期趋势的测定与预测

一、移动平均法

移动平均法的基本思想是对原数列中的指标值按一定时间跨度移动，计算出一系列新的序时平均数，形成时间数列，以消除偶然因素和季节变动的影响，显示出长期趋势。

【例 5-4】某地区 2019—2022 年工业增加值见表 5-4，请用 Excel 进行 3 项移动平均和 4 项移动平均。

表 5-4   某地区 2019—2022 年工业增加值   单位：亿元

年份	季度	工业增加值
2019	1	1 382.4
	2	1 584.2
	3	1 533.7
	4	1 631.0
2020	1	1 548.2
	2	1 761.9
	3	1 751.8
	4	1 903.6
2021	1	1 903.8
	2	2 178.3
	3	2 057.9
	4	2 111.5
2022	1	1 987.2
	2	2 294.0
	3	2 230.0
	4	2 446.4

具体操作步骤如下：

（1）将表 5-4 的数据输入 Excel 表格中。

（2）在对应的单元格中，分别输入"3 项移动平均数""4 项移动平均数""一次移动""二次移动"，如图 5-22 所示。

A 年份	B 季度	C 工业增加值（亿元）	D 3项移动平均数	E 4项移动平均数 一次移动	F 二次移动
2019	1	1382.4			
	2	1584.2			
	3	1533.7			
	4	1631			
2020	1	1548.2			
	2	1761.9			
	3	1751.8			
	4	1903.6			
2021	1	1903.8			
	2	2178.3			
	3	2057.9			
	4	2111.5			
2022	1	1987.2			
	2	2294			
	3	2230			
	4	2446.4			

图 5-22　数据统计表

（3）在"数据"菜单中选择"数据分析"，打开"数据分析"对话框，在分析工具中选择"移动平均"，如图5-23所示。

图5-23　"数据分析"对话框

（4）单击"确定"按钮，打开"移动平均"对话框，在"输入区域"中输入"$C$3:$C$18"，在"间隔"中输入移动项数"3"，在"输出区域"中输入"$D$3"，单击"确定"按钮，即完成3项移动平均数的计算，如图5-24和图5-25所示。

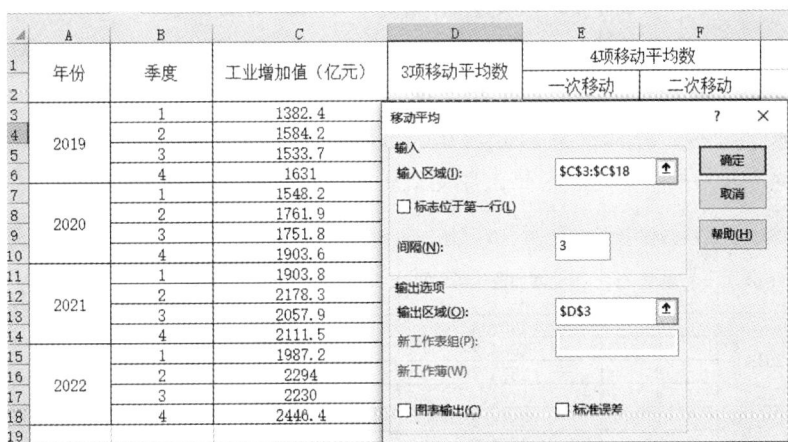

图5-24　"移动平均"对话框

年份	季度	工业增加值（亿元）	3项移动平均数	4项移动平均数	
				一次移动	二次移动
2019	1	1382.4			
	2	1584.2			
	3	1533.7	1500.1		
	4	1631	1582.966667		
2020	1	1548.2	1570.966667		
	2	1761.9	1647.033333		
	3	1751.8	1687.3		
	4	1903.6	1805.766667		
2021	1	1903.8	1853.066667		
	2	2178.3	1995.233333		
	3	2057.9	2046.666667		
	4	2111.5	2115.9		
2022	1	1987.2	2052.2		
	2	2294	2130.9		
	3	2230	2170.4		
	4	2446.4	2323.466667		

图5-25　3项移动平均结果

（5）4 项移动平均的操作步骤与 3 项移动平均基本一致，不同的只是在"间隔"中输入移动项数"4"，在"输出区域中"输入"$E$3"，单击"确定"按钮，即完成 4 项移动平均的一次移动平均数计算，如图 5-26 所示。

	A	B	C	D	E	F
1	年份	季度	工业增加值（亿元）	3项移动平均数	4项移动平均数	
2					一次移动	二次移动
3	2019	1	1382.4			
4		2	1584.2			
5		3	1533.7	1500.1		
6		4	1631	1582.966667	1532.825	
7	2020	1	1548.2	1570.966667	1574.275	
8		2	1761.9	1647.033333	1618.7	
9		3	1751.8	1687.3	1673.225	
10		4	1903.6	1805.766667	1741.375	
11	2021	1	1903.8	1853.066667	1830.275	
12		2	2178.3	1995.233333	1934.375	
13		3	2057.9	2046.666667	2010.9	
14		4	2111.5	2115.9	2062.875	
15	2022	1	1987.2	2052.2	2083.725	
16		2	2294	2130.9	2112.65	
17		3	2230	2170.4	2155.675	
18		4	2446.4	2323.466667	2239.4	

图 5-26　4 项移动平均的一次移动平均数结果

（6）注意：4 项移动平均由于是偶数项，移动后各项位置与原数列各项对应位置不能对齐，因此，还需要进行二次移动平均，操作步骤如同 3 项、4 项移动平均，不同的只是在"输入区域"输入"$E$6：$E$18"，在"间隔"中输入移动项数"2"，在"输出区域"中输入"$F$6"，单击"确定"按钮，即完成 4 项移动平均，如图 5-27 所示。

	A	B	C	D	E	F
1	年份	季度	工业增加值（亿元）	3项移动平均数	4项移动平均数	
2					一次移动	二次移动
3	2019	1	1382.4			
4		2	1584.2			
5		3	1533.7	1500.1		
6		4	1631	1582.966667	1532.825	
7	2020	1	1548.2	1570.966667	1574.275	1553.55
8		2	1761.9	1647.033333	1618.7	1596.4875
9		3	1751.8	1687.3	1673.225	1645.9625
10		4	1903.6	1805.766667	1741.375	1707.3
11	2021	1	1903.8	1853.066667	1830.275	1785.825
12		2	2178.3	1995.233333	1934.375	1882.325
13		3	2057.9	2046.666667	2010.9	1972.6375
14		4	2111.5	2115.9	2062.875	2036.8875
15	2022	1	1987.2	2052.2	2083.725	2073.3
16		2	2294	2130.9	2112.65	2098.1875
17		3	2230	2170.4	2155.675	2134.1625
18		4	2446.4	2323.466667	2239.4	2197.5375

图 5-27　4 项移动平均数结果

二、数学模型法

如果以时间因素为自变量 t，把数列水平作为因变量 y_c，拟合的直线方程即：

$$y_c = a + bt$$

式中：y_c 为时间数列的趋势值；

a、b 分别为直线趋势方程的截距、斜率；

t为时间编号。

通常利用最小二乘法估计线性趋势方程的参数，即：

$$b=\frac{n\sum ty-\sum t\sum y}{n\sum t^{2}-\left(\sum t\right)^{2}}\quad a=\frac{\sum y}{n}-b\frac{\sum t}{n}$$

【例5-5】已知2012—2022年某企业集团年末员工数见表5-5。用Excel的最小二乘法确定直线趋势方程，计算出各期的趋势值，预测2023年的年末员工数趋势值。

表5-5　　某企业集团年末员工数　　单位：人

年份	年末员工数
2012	121 121
2013	122 389
2014	123 626
2015	124 761
2016	125 786
2017	126 743
2018	127 627
2019	128 453
2020	129 227
2021	129 988
2022	130 756

具体操作步骤如下：

（1）将表5-5的数据输入Excel表格中。

（2）在单元格B1，D1，E1，F1，A13中，分别输入“时间编号t”“ty”“t^2”“合计”。

（3）在单元格B2至B12中分别输入1，2，…，11，作为时间编号t。

（4）在单元格D2中输入“=B2*C2”，按回车键得第一个ty值，如图5-28所示。

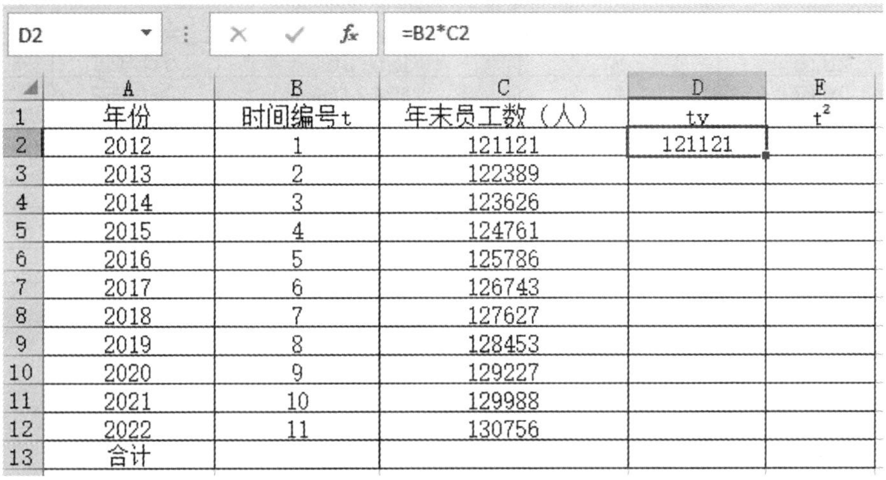
D2 =B2*C2

	A	B	C	D	E
1	年份	时间编号t	年末员工数（人）	ty	t^2
2	2012	1	121121	121121	
3	2013	2	122389		
4	2014	3	123626		
5	2015	4	124761		
6	2016	5	125786		
7	2017	6	126743		
8	2018	7	127627		
9	2019	8	128453		
10	2020	9	129227		
11	2021	10	129988		
12	2022	11	130756		
13	合计				

图5-28　第1年ty值

（5）选中 D2 单元格，再将光标移至单元格右下角，当光标变为小黑十字（填充柄）时，按住鼠标左键并拖至 D12 区域后松开，得各年的 ty 值，如图 5-29 所示。

D12		f_x	=B12*C12	
	A	B	C	D	E
	年份	时间编号t	年末员工数（人）	ty	t^2
1	年份	时间编号t	年末员工数（人）	ty	t^2
2	2012	1	121121	121121	
3	2013	2	122389	244778	
4	2014	3	123626	370878	
5	2015	4	124761	499044	
6	2016	5	125786	628930	
7	2017	6	126743	760458	
8	2018	7	127627	893389	
9	2019	8	128453	1027624	
10	2020	9	129227	1163043	
11	2021	10	129988	1299880	
12	2022	11	130756	1438316	
13	合计				

图 5-29　各年的 ty 值

（6）在单元格 E2 中输入"=B2*B2"，回车得第一个 t^2 值。

（7）选中 E2 单元格，把光标移至单元格的右下角，当光标变为黑十字星（填充柄）时，按住鼠标左键并拖到 E12 区域松开，得各年的 t^2 值，如图 5-30 所示。

E2		f_x	=B2*B2	
	A	B	C	D	E
1	年份	时间编号t	年末员工数（人）	ty	t^2
2	2012	1	121121	121121	1
3	2013	2	122389	244778	4
4	2014	3	123626	370878	9
5	2015	4	124761	499044	16
6	2016	5	125786	628930	25
7	2017	6	126743	760458	36
8	2018	7	127627	893389	49
9	2019	8	128453	1027624	64
10	2020	9	129227	1163043	81
11	2021	10	129988	1299880	100
12	2022	11	130756	1438316	121
13	合计				

图 5-30　各年的 t^2 值

（8）选择单元格 B2 至 E12 区域，单击自动求和"$\sum$"按钮，分别得各组总和 $\sum t$，$\sum y$，$\sum ty$，$\sum t^2$，如图 5-31 所示。

图5-31　各组合计值

（9）在单元格B15，B16中分别输入"b="，"a="。

（10）在单元格C15中输入"=（11*D13-B13*C13）/（11*E13-B13*B13）"，按回车键得参数b，如图5-32所示。

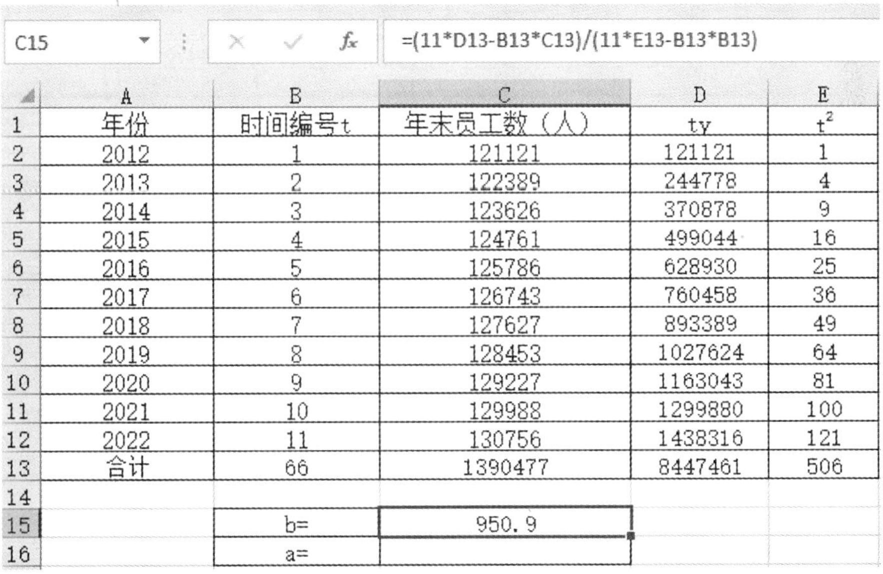

图5-32　参数b的值

（11）在单元格C16中输入"=C13/11-C15*B13/11"，按回车键得参数a，如图5-33所示。

C16	▼	:	× ✓ fx	=C13/11-C15*B13/11	
▲	A	B	C	D	E
1	年份	时间编号t	年末员工数（人）	ty	t²
2	2012	1	121121	121121	1
3	2013	2	122389	244778	4
4	2014	3	123626	370878	9
5	2015	4	124761	499044	16
6	2016	5	125786	628930	25
7	2017	6	126743	760458	36
8	2018	7	127627	893389	49
9	2019	8	128453	1027624	64
10	2020	9	129227	1163043	81
11	2021	10	129988	1299880	100
12	2022	11	130756	1438316	121
13	合计	66	1390477	8447461	506
14					
15		b=	950.9		
16		a=	120701.6		

图 5-33　参数 a 的值

（12）在单元格 A18，B18 中分别输入"2023""12"。

（13）在单元格 C18 中输入"=C16+C15*B18"，按回车键得 2023 年末员工人数预测值为 132 112 人，如图 5-34 所示。

C18	▼	:	× ✓ fx	=C16+C15*B18	
▲	A	B	C	D	E
1	年份	时间编号t	年末员工数（人）	ty	t²
2	2012	1	121121	121121	1
3	2013	2	122389	244778	4
4	2014	3	123626	370878	9
5	2015	4	124761	499044	16
6	2016	5	125786	628930	25
7	2017	6	126743	760458	36
8	2018	7	127627	893389	49
9	2019	8	128453	1027624	64
10	2020	9	129227	1163043	81
11	2021	10	129988	1299880	100
12	2022	11	130756	1438316	121
13	合计	66	1390477	8447461	506
14					
15		b=	950.9		
16		a=	120701.6		
17					
18	2023	12	132112.4		

图 5-34　2023 年末员工人数预测值

练习题

1.某公司 20×× 年第二季度各月及 3 月销售收入和流动资金占用额见表 5-6。

表5-6　　　　某公司20××年第二季度各月及3月销售收入和流动资金占用额　　　　金额单位：万元

日期	3月	4月	5月	6月
销售收入	—	178	218	205
月末流动资金占用	135	146	126	118
流动资金周转次数	—	1.267	1.603	1.680

要求：请用Excel计算第二季度平均销售收入，第二季度平均流动资金占用额，第二季度平均每月流动资金周转次数。

2.某地区2017—2022年工业总产值资料见表5-7。

表5-7　　　　　　　　某地区2017—2022年工业总产值资料　　　　　　　　单位：万元

年份	2017	2018	2019	2020	2021	2022
工业总产值	343.3	447.0	519.7	548.7	703.6	783.9

要求：请用Excel计算逐期增长量、累计增长量、平均增长量、环比发展速度、定基发展速度、环比增长速度、定基增长速度、平均发展速度和平均增长速度。

3.某地2013—2022年粮食产量见表5-8。

表5-8　　　　　　　　　　某地2013—2022年粮食产量　　　　　　　　　　单位：吨

年份	粮食产量
2013	2.86
2014	2.83
2015	3.05
2016	3.32
2017	3.21
2018	3.25
2019	3.54
2020	3.87
2021	4.07
2022	3.79

要求：

（1）请用Excel进行3项移动平均和4项移动平均。

（2）请用Excel最小二乘法确定直线趋势方程，预测2023年的粮食产量。

实验六

统计指数分析

实验目的

掌握如何利用Excel对数据进行统计指数分析。

实验要求

1. 运用Excel的公式和函数计算综合指数。
2. 运用Excel的公式和函数计算平均数指数。

寓德于教

统计指数分析

生活中的指数①

在日常生活中，"指数"是一个我们非常熟悉的"陌生客"。比如每天收音机里播出的当日穿衣指数、防晒指数、感冒指数，报纸上会登出各种股票指数，电视上会播报与人们生活紧密相关的物价指数、居民消费价格指数等。2023年1月17日，国务院新闻办公室举行新闻发布会介绍2022年国民经济运行情况：2022年全年居民消费价格（CPI）比上年上涨2.0%。分类别看，食品烟酒价格上涨2.4%，衣着价格上涨0.5%，居住价格上涨0.7%，生活用品及服务价格上涨1.2%，交通通信价格上涨5.2%，教育文化娱乐价格上涨1.8%，医疗保健价格上涨0.6%，其他用品及服务价格上涨1.6%。在食品烟酒价格中，猪肉价格下降6.8%，粮食价格上涨2.8%，鲜菜价格上涨2.8%，鲜果价格上涨12.9%。扣除食品和能源价格后的核心CPI上涨0.9%。12月份，居民消费价格同比上涨1.8%，环比持平。

请思考：

从2022年居民消费价格指数增长情况可以得出哪些信息？

第一节 综合指数的计算

综合指数是总指数的基本形式，综合指数的重要意义在于它能最完善地显示出所研究现象的经济内容，即不仅在相对量方面反映，也能在绝对量方面反映。

一、数量指标指数和质量指标指数

数量指标指数的计算公式如下。

拉氏数量指数：

---

① 国务院新闻办公室.2022年国民经济运行情况新闻发布会［EB/OL］.［2023-01-17］. http://www.scio.gov.cn/xwfbh/xwbfbh/wqfbh/49421/49478/index.htm.

$$L_q = \frac{\sum p_0 q_1}{\sum p_0 q_0} \times 100\%$$

帕氏数量指数：

$$P_q = \frac{\sum p_1 q_1}{\sum p_1 q_0} \times 100\%$$

质量指标指数的计算公式如下。

拉氏质量指数：

$$L_p = \frac{\sum p_1 q_0}{\sum p_0 q_0} \times 100\%$$

帕氏质量指数：

$$P_p = \frac{\sum p_1 q_1}{\sum p_0 q_1} \times 100\%$$

二、应用举例

【例6-1】三种商品销售量和商品价格资料见表6-1，请用Excel进行数量指标指数和质量指标指数的计算。

表6-1　　　　　　　　　　　商品销售量和商品价格资料　　　　　　　　　金额单位：元

商品名称	计量单位	销售量		销售价格	
		基期	报告期	基期	报告期
甲	万件	450	500	700	770
乙	万件	500	520	350	350
丙	台	900	1 080	100	110

具体操作步骤如下：

（1）将表6-1的数据输入Excel表格中，在单元格G2、H2、I2、J2中分别输入"$p_0 q_0$" "$p_1 q_1$" "$p_0 q_1$" "$p_1 q_0$"，在单元格A8、A9、A10、A11中分别输入"拉氏销售量指数" "帕氏销售量指数" "拉氏价格指数" "帕氏价格指数"。

（2）单击单元格G3，输入"=C3*E3"，按回车键得到甲商品的基期销售额 $p_0 q_0$，把光标移至单元格G3的右下角，当光标变为黑十字星（填充柄）时，按住鼠标左键并拖到G5区域松开，得到乙商品和丙商品的基期销售额 $p_0 q_0$，如图6-1所示。

	A	B	C	D	E	F	G	H	I	J
	G3		f_x	=C3*E3						
1	商品名称	计量单位	销售量		销售价格（元）		销售额（元）			
2			基期q_0	报告期q_1	基期p_0	报告期p_1	$p_0 q_0$	$p_1 q_1$	$p_0 q_1$	$p_1 q_0$
3	甲	万件	450	500	700	770	315000			
4	乙	万件	500	520	350	350	175000			
5	丙	台	900	1080	100	110	90000			
6	合计	—	—	—	—	—				
7										
8	拉氏销售量指数(%)									
9	帕氏销售量指数(%)									
10	拉氏价格指数(%)									
11	帕氏价格指数(%)									

图6-1　甲、乙、丙三种商品的基期销售额

（3）选择单元格 G3 至 G5 区域，单击自动求和图标"∑"，或用鼠标单击单元格 G6，输入"=SUM（G3：G5）"，按回车键得到 $\sum p_0 q_0$，如图 6-2 所示。

商品名称	计量单位	销售量		销售价格（元）		销售额（元）			
		基期q_0	报告期q_1	基期p_0	报告期p_1	p_0q_0	p_1q_1	p_0q_1	p_1q_0
甲	万件	450	500	700	770	315000			
乙	万件	500	520	350	350	175000			
丙	台	900	1080	100	110	90000			
合计						580000			

图 6-2　甲、乙、丙三种商品的基期销售额合计

（4）单击单元格 H3，输入"=D3*F3"，按回车键得到甲商品的报告期销售额 $p_1 q_1$，把光标移至单元格 H3 右下角，当光标变为黑十字星（填充柄）时，按住鼠标左键并拖到 H5 区域松开，得到乙商品和丙商品的报告期销售额 $p_1 q_1$，如图 6-3 所示。

商品名称	计量单位	销售量		销售价格（元）		销售额（元）			
		基期q_0	报告期q_1	基期p_0	报告期p_1	p_0q_0	p_1q_1	p_0q_1	p_1q_0
甲	万件	450	500	700	770	315000	385000		
乙	万件	500	520	350	350	175000	182000		
丙	台	900	1080	100	110	90000	118800		
合计						580000			

图 6-3　甲、乙、丙三种商品的报告期销售额

（5）选择单元格 H3 至 H5 区域，单击自动求和图标"∑"，或用鼠标单击单元格 H6，输入"=SUM（H3：H5）"，按回车键得到 $\sum p_1 q_1$，如图 6-4 所示。

商品名称	计量单位	销售量		销售价格（元）		销售额（元）			
		基期q_0	报告期q_1	基期p_0	报告期p_1	p_0q_0	p_1q_1	p_0q_1	p_1q_0
甲	万件	450	500	700	770	315000	385000		
乙	万件	500	520	350	350	175000	182000		
丙	台	900	1080	100	110	90000	118800		
合计						580000	685800		

图 6-4　甲、乙、丙三种商品的报告期销售额合计

（6）单击单元格 I3，输入"=D3*E3"，按回车键得到甲商品以基期价格和报告期销售量计算的销售额 $p_0 q_1$，把光标移至单元格 I3 右下角，当光标变为黑十字星（填充柄）时，按住鼠标左键并拖到 I5 区域松开，得到乙商品和丙商品的销售额 $p_0 q_1$；选择单元格 I3 至 I5 区域，单击自动求和图标"∑"，或用鼠标单击单元格 I6，输入"=SUM（I3：I5）"，按回

车键得到 $\sum p_0 q_1$，如图 6-5 和图 6-6 所示。

I3			f_x	=D3*E3						
	A	B	C	D	E	F	G	H	I	J
1	商品名称	计量单位	销售量		销售价格（元）		销售额（元）			
2			基期q_0	报告期q_1	基期p_0	报告期p_1	p_0q_0	p_1q_1	p_0q_1	p_1q_0
3	甲	万件	450	500	700	770	315000	385000	350000	
4	乙	万件	500	520	350	350	175000	182000	182000	
5	丙	台	900	1080	100	110	90000	118800	108000	
6	合计	—	—	—	—	—	580000	685800		

图 6-5　甲、乙、丙三种商品以基期价格和报告期销售量计算的销售额

I6			f_x	=SUM(I3:I5)						
	A	B	C	D	E	F	G	H	I	J
1	商品名称	计量单位	销售量		销售价格（元）		销售额（元）			
2			基期q_0	报告期q_1	基期p_0	报告期p_1	p_0q_0	p_1q_1	p_0q_1	p_1q_0
3	甲	万件	450	500	700	770	315000	385000	350000	
4	乙	万件	500	520	350	350	175000	182000	182000	
5	丙	台	900	1080	100	110	90000	118800	108000	
6	合计						580000	685800	640000	

图 6-6　甲、乙、丙三种商品以基期价格和报告期销售量计算的销售额合计

（7）单击单元格 J3，输入"=C3*F3"，按回车键得到甲商品以基期销售量和报告期价格计算的销售额 p_1q_0，把光标移至单元格 J3 右下角，当光标变为黑十字星（填充柄）时，按住鼠标左键并拖到 J5 区域松开，得到乙商品和丙商品的销售额 p_1q_0；选择单元格 J3 至 J5 区域，单击自动求和图标"$\sum$"，或用鼠标单击单元格 J6，输入"=SUM（J3：J5）"，按回车键得到 $\sum p_1q_0$，如图 6-7 和图 6-8 所示。

J3			f_x	=C3*F3						
	A	B	C	D	E	F	G	H	I	J
1	商品名称	计量单位	销售量		销售价格（元）		销售额（元）			
2			基期q_0	报告期q_1	基期p_0	报告期p_1	p_0q_0	p_1q_1	p_0q_1	p_1q_0
3	甲	万件	450	500	700	770	315000	385000	350000	346500
4	乙	万件	500	520	350	350	175000	182000	182000	175000
5	丙	台	900	1080	100	110	90000	118800	108000	99000
6	合计						580000	685800	640000	

图 6-7　甲、乙、丙三种商品以基期销售量和报告期价格计算的销售额

J6			f_x	=SUM(J3:J5)						
	A	B	C	D	E	F	G	H	I	J
1	商品名称	计量单位	销售量		销售价格（元）		销售额（元）			
2			基期q_0	报告期q_1	基期p_0	报告期p_1	p_0q_0	p_1q_1	p_0q_1	p_1q_0
3	甲	万件	450	500	700	770	315000	385000	350000	346500
4	乙	万件	500	520	350	350	175000	182000	182000	175000
5	丙	台	900	1080	100	110	90000	118800	108000	99000
6	合计						580000	685800	640000	620500

图 6-8　甲、乙、丙三种商品以基期销售量和报告期价格计算的销售额合计

（8）得到 4 个销售额的合计数，就可以计算综合指数了。

计算拉氏销售量指数：用鼠标单击单元格 B8，输入 "=I6/G6*100"，按回车键就可以得到拉氏销售量指数为 110.344828%；如果要保留两位小数，则选中 B8 单元格，点击鼠标右键，选择 "设置单元格格式"，在出现的 "设置单元格格式" 对话框中选择 "数字"，在 "分类" 列表框中选择 "数值"，将 "小数位数" 确定为 "2"，单击 "确定" 即可，如图 6-9 和图 6-10 所示。

B8		fx	=I6/G6*100						
	A	B	C	D	E	F	G	H	I	J
1	商品名称	计量单位	销售量		销售价格（元）		销售额（元）			
2			基期q_0	报告期q_1	基期p_0	报告期p_1	p_0q_0	p_1q_1	p_0q_1	p_1q_0
3	甲	万件	450	500	700	770	315000	385000	350000	346500
4	乙	万件	500	520	350	350	175000	182000	182000	175000
5	丙	台	900	1080	100	110	90000	118800	108000	99000
6	合计	—					580000	685800	640000	620500
7										
8	拉氏销售量指数(%)	110.344828								
9	帕氏销售量指数(%)									
10	拉氏价格指数(%)									
11	帕氏价格指数(%)									

图 6-9　拉氏销售量指数

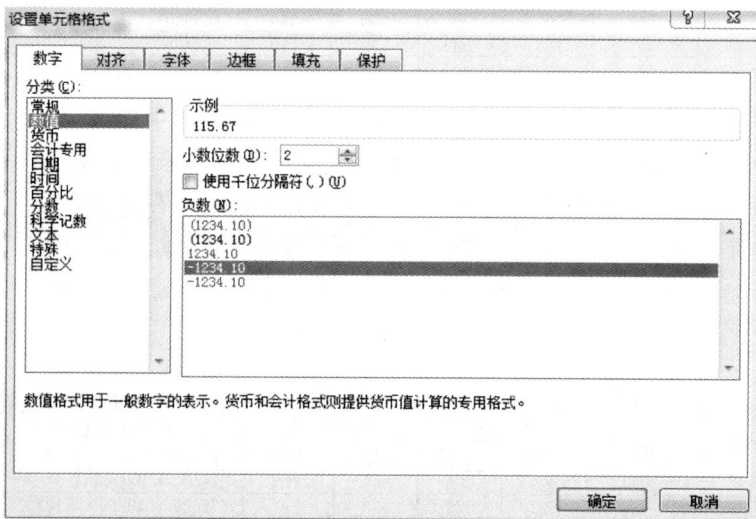

图 6-10　"设置单元格格式" 对话框

计算帕氏销售量指数：用鼠标单击单元格 B9，输入 "=H6/J6*100"，按回车键就可以得到帕氏销售量指数，设置单元格格式保留两位小数，即帕氏销售量指数为 110.52%，如图 6-11 所示。

B9		fx	=H6/J6*100						
	A	B	C	D	E	F	G	H	I	J
1	商品名称	计量单位	销售量		销售价格（元）		销售额（元）			
2			基期q_0	报告期q_1	基期p_0	报告期p_1	p_0q_0	p_1q_1	p_0q_1	p_1q_0
3	甲	万件	450	500	700	770	315000	385000	350000	346500
4	乙	万件	500	520	350	350	175000	182000	182000	175000
5	丙	台	900	1080	100	110	90000	118800	108000	99000
6	合计						580000	685800	640000	620500
7										
8	拉氏销售量指数(%)	110.34								
9	帕氏销售量指数(%)	110.52								
10	拉氏价格指数(%)									
11	帕氏价格指数(%)									

图 6-11　帕氏销售量指数

计算拉氏价格指数：用鼠标单击单元格B10，输入"=J6/G6*100"，按回车键就可以得到拉氏价格指数，设置单元格格式保留两位小数，即拉氏价格指数为106.98%，如图6-12所示。

B10	▼	f_x	=J6/G6*100						
	A	B	C	D	E	F	G	H	I	J
1	商品名称	计量单位	销售量		销售价格（元）		销售额（元）			
2			基期q_0	报告期q_1	基期p_0	报告期p_1	p_0q_0	p_1q_1	p_0q_1	p_1q_0
3	甲	万件	450	500	700	770	315000	385000	350000	346500
4	乙	万件	500	520	350	350	175000	182000	182000	175000
5	丙	台	900	1080	100	110	90000	118800	108000	99000
6	合计	—	—	—	—	—	580000	685800	640000	620500
7										
8	拉氏销售量指数(%)	110.34								
9	帕氏销售量指数(%)	110.52								
10	拉氏价格指数(%)	106.98								
11	帕氏价格指数(%)									

图6-12　拉氏价格指数

计算帕氏价格指数：用鼠标单击单元格B11，输入"=H6/I6*100"，按回车键就可以得到帕氏价格指数，设置单元格格式保留两位小数，即帕氏价格指数为107.16%，如图6-13所示。

B11	▼	f_x	=H6/I6*100						
	A	B	C	D	E	F	G	H	I	J
1	商品名称	计量单位	销售量		销售价格（元）		销售额（元）			
2			基期q_0	报告期q_1	基期p_0	报告期p_1	p_0q_0	p_1q_1	p_0q_1	p_1q_0
3	甲	万件	450	500	700	770	315000	385000	350000	346500
4	乙	万件	500	520	350	350	175000	182000	182000	175000
5	丙	台	900	1080	100	110	90000	118800	108000	99000
6	合计	—	—	—	—	—	580000	685800	640000	620500
7										
8	拉氏销售量指数(%)	110.34								
9	帕氏销售量指数(%)	110.52								
10	拉氏价格指数(%)	106.98								
11	帕氏价格指数(%)	107.16								

图6-13　帕氏价格指数

第二节　平均数指数的计算

一、加权算术平均数指数的计算

加权算术平均数指数，是以个体指数为变量值，以基期总值p_0q_0资料为权数，对个体指数加权算术平均计算的总指数。其公式为：

$$I_q = \frac{\sum k_q p_0 q_0}{\sum p_0 q_0} \times 100\%$$

【例6-2】沿用【例6-1】的资料，请用Excel计算以加权算术平均数指数计算的销售量总指数。

具体操作步骤如下：

（1）将表6-1的数据输入Excel表格中。

（2）单击单元格G3，输入"=C3*E3"，按回车键得到甲商品的基期销售额p_0q_0，把光标移至单元格G3的右下角，当光标变为黑十字星（填充柄）时，按住鼠标左键并拖到G5

区域松开，得到乙商品和丙商品的基期销售额 p_0q_0，如图 6-14 所示。

G3			f_x	=C3*E3				
	A	B	C	D	E	F	G	H	I
1	商品名称	计量单位	销售量		销售价格（元）		基期销售额（元）	销售量个体指数	$k_q * p_0q_0$
2			基期q_0	报告期q_1	基期p_0	报告期p_1	p_0q_0	k_q	
3	甲	万件	450	500	700	770	315000		
4	乙	万件	500	520	350	350	175000		
5	丙	台	900	1080	100	110	90000		
6	合计	—	—	—	—	—			

图 6-14　甲、乙、丙三种商品的基期销售额

（3）选择单元格 G3 至 G5 区域，单击自动求和图标"∑"，或用鼠标单击 G6，输入"=SUM（G3：G5）"，按回车键得到 $\sum p_0q_0$，如图 6-15 所示。

文件	开始	插入	页面布局	公式	数据	审阅	视图	金山PDF

f_x 插入函数	∑ 自动求和	最近使用的函数	财务	逻辑	文本	日期和时间	查找与引用	数学和三角函数	其他函数	名称管理器	定义名称 用于公式 根据所选内容创建	追踪引用单元格 追踪从属单元格 移去箭头

函数库　　　　　　　　　　　　　　　　　　　　　定义的名称

G6			f_x	=SUM(G3:G5)				
	A	B	C	D	E	F	G	H	I
1	商品名称	计量单位	销售量		销售价格（元）		基期销售额（元）	销售量个体指数	$k_q * p_0q_0$
2			基期q_0	报告期q_1	基期p_0	报告期p_1	p_0q_0	k_q	
3	甲	万件	450	500	700	770	315000		
4	乙	万件	500	520	350	350	175000		
5	丙	台	900	1080	100	110	90000		
6	合计	—	—	—	—	—	580000		

图 6-15　甲、乙、丙三种商品的基期销售额合计

（4）单击单元格 H3，输入"=D3/C3"，按回车键得到甲商品的销售量个体指数，利用填充柄下拉至 H5，分别得到乙商品和丙商品的销售量个体指数，如图 6-16 所示。

H3			f_x	=D3/C3				
	A	B	C	D	E	F	G	H	I
1	商品名称	计量单位	销售量		销售价格（元）		基期销售额（元）	销售量个体指数	$k_q * p_0q_0$
2			基期q_0	报告期q_1	基期p_0	报告期p_1	p_0q_0	k_q	
3	甲	万件	450	500	700	770	315000	1.111111111	
4	乙	万件	500	520	350	350	175000	1.04	
5	丙	台	900	1080	100	110	90000	1.2	
6	合计	—	—	—	—	—	580000		

图 6-16　甲、乙、丙三种商品的销售量个体指数

（5）单击单元格 I3，输入"=H3*G3"，按回车键得到甲商品的销售量个体指数与基期销售额的乘积，利用填充柄下拉至 I5，分别得到乙商品和丙商品的销售量个体指数与基期销售额的乘积，如图 6-17 所示。

I3			f_x	=H3*G3				
	A	B	C	D	E	F	G	H	I
1	商品名称	计量单位	销售量		销售价格（元）		基期销售额（元）	销售量个体指数	$k_q * p_0q_0$
2			基期q_0	报告期q_1	基期p_0	报告期p_1	p_0q_0	k_q	
3	甲	万件	450	500	700	770	315000	1.111111111	350000
4	乙	万件	500	520	350	350	175000	1.04	182000
5	丙	台	900	1080	100	110	90000	1.2	108000
6	合计	—	—	—	—	—	580000		

图 6-17　甲、乙、丙三种商品销售量个体指数与基期销售额的乘积

（6）选择单元格 I3 至 I5 区域，单击自动求和图标"∑"，或用鼠标单击单元格 I6，输入"=SUM（I3：I5）"，按回车键得到 $\sum k_q p_0 q_0$，如图 6-18 所示。

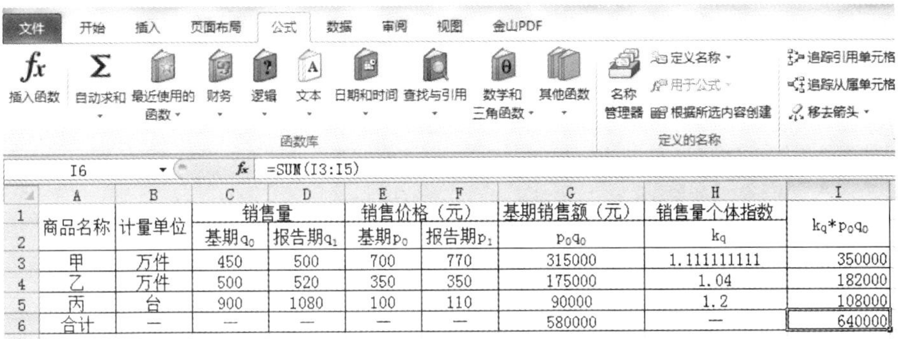

图 6-18　甲、乙、丙三种商品销售量个体指数与基期销售额的乘积之和

（7）单击单元格 H8，输入"=I6/G6*100"，按回车键得到以加权算术平均数指数计算的销售量总指数为 110.34%，通过设置单元格格式，将小数位数确定为"2"，如图 6-19 所示。

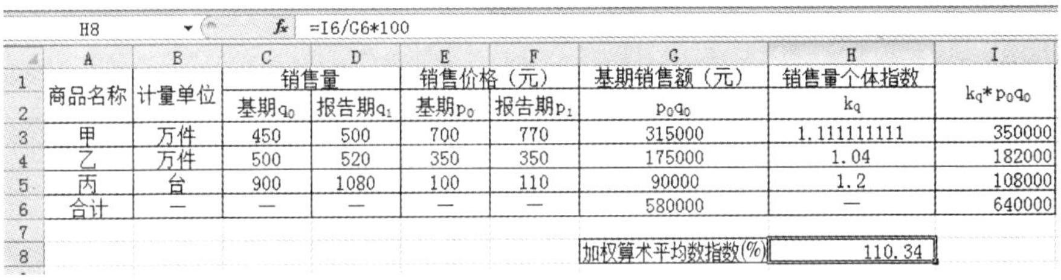

图 6-19　加权算术平均数指数

二、加权调和平均数指数的计算

加权调和平均数指数，是以个体指数为变量值，以报告期总值 $p_1 q_1$ 为权数，对个体指数加权调和平均计算的总指数。其公式为：

$$I_p = \frac{\sum p_1 q_1}{\sum \dfrac{1}{k_p} p_1 q_1} \times 100\%$$

【例 6-3】沿用【例 6-1】的资料，请用 Excel 计算以加权调和平均数指数计算的价格总指数。

具体操作步骤如下：

（1）将表 6-1 的数据输入 Excel 表格中。

（2）单击单元格 G3，输入"=D3*F3"，按回车键得到甲商品的报告期销售额 $p_1 q_1$，把光标移至单元格 G3 的右下角，当光标变为黑十字星（填充柄）时，按住鼠标左键并拖到 G5 区域松开，得到乙商品和丙商品的报告期销售额 $p_1 q_1$，如图 6-20 所示。

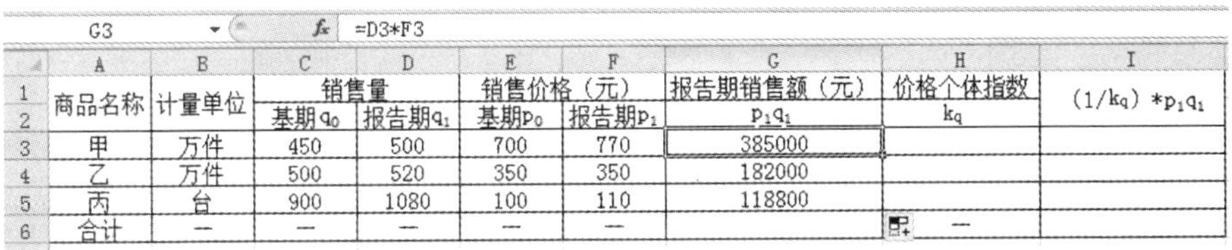

图 6-20　甲、乙、丙三种商品的报告期销售额

（3）选择单元格 G3 至 G5 区域，单击自动求和图标"∑"，或用鼠标单击单元格 G6，输入"=SUM（G3：G5）"，按回车键得到 $\sum p_1q_1$，如图 6-21 所示。

图 6-21 中 G6 单元格：=SUM(G3:G5)

商品名称	计量单位	销售量		销售价格（元）		报告期销售额（元）	价格个体指数	$(1/k_q)*p_1q_1$
		基期q_0	报告期q_1	基期p_0	报告期p_1	p_1q_1	k_q	
甲	万件	450	500	700	770	385000		
乙	万件	500	520	350	350	182000		
丙	台	900	1080	100	110	118800		
合计	—					685800		

图 6-21　甲、乙、丙三种商品的报告期销售额合计

（4）单击单元格 H3，输入"=F3/E3"，按回车键得到甲商品的价格个体指数，利用填充柄下拉至 H5，就分别得到乙商品和丙商品的价格个体指数，如图 6-22 所示。

H3 单元格：=F3/E3

商品名称	计量单位	销售量		销售价格（元）		报告期销售额（元）	价格个体指数	$(1/k_q)*p_1q_1$
		基期q_0	报告期q_1	基期p_0	报告期p_1	p_1q_1	k_q	
甲	万件	450	500	700	770	385000	1.1	
乙	万件	500	520	350	350	182000	1	
丙	台	900	1080	100	110	118800	1.1	
合计						685800		

图 6-22　甲、乙、丙三种商品的价格个体指数

（5）单击单元格 I3，输入"=1/H3*G3"，按回车键得到甲商品的价格个体指数的倒数与报告期销售额的乘积，利用填充柄下拉至 I5，就分别得到乙商品和丙商品的价格个体指数的倒数与报告期销售额的乘积，如图 6-23 所示。

I3 单元格：=1/H3*G3

商品名称	计量单位	销售量		销售价格（元）		报告期销售额（元）	价格个体指数	$(1/k_q)*p_1q_1$
		基期q_0	报告期q_1	基期p_0	报告期p_1	p_1q_1	k_q	
甲	万件	450	500	700	770	385000	1.1	350000
乙	万件	500	520	350	350	182000	1	182000
丙	台	900	1080	100	110	118800	1.1	108000
合计	—					685800	—	

图 6-23　甲、乙、丙三种商品价格个体指数的倒数与报告期销售额的乘积

（6）选择单元格 I3 至 I5 区域，单击自动求和图标"∑"，或用鼠标单击 I6，输入"=SUM（I3：I5）"，按回车键得到 $\sum(1/k_p)p_1q_1$，如图 6-24 所示。

I6 单元格：=SUM(I3:I5)

商品名称	计量单位	销售量		销售价格（元）		报告期销售额（元）	价格个体指数	$(1/k_q)*p_1q_1$
		基期q_0	报告期q_1	基期p_0	报告期p_1	p_1q_1	k_q	
甲	万件	450	500	700	770	385000	1.1	350000
乙	万件	500	520	350	350	182000	1	182000
丙	台	900	1080	100	110	118800	1.1	108000
合计	—					685800	—	640000

图 6-24　甲、乙、丙三种商品价格个体指数的倒数与报告期销售额的乘积之和

（7）单击单元格H8，输入"=G6/I6*100"，按回车键得到以加权调和平均数指数计算的价格总指数为107.15625%，通过设置单元格格式，将小数位数确定为"2"，如图6-25所示。

H8	▼		f_x	=G6/I6*100				
	A	B	C	D	E	F	G	H	I
1	商品名称	计量单位	销售量		销售价格（元）		报告期销售额（元）	价格个体指数	$(1/k_q)*p_1q_1$
2			基期q_0	报告期q_1	基期p_0	报告期p_1	p_1q_1	k_q	
3	甲	万件	450	500	700	770	385000	1.1	350000
4	乙	万件	500	520	350	350	182000	1	182000
5	丙	台	900	1080	100	110	118800	1.1	108000
6	合计	—	—	—	—	—	685800	—	640000
7									
8							加权调和平均数指数(%)	107.16	

图6-25　加权调和平均数指数

练习题

1.某商店甲、乙、丙三种商品产量和单位成本见表6-2。

表6-2　　　　　　　　　　　　　商品生产有关资料　　　　　　　　　金额单位：元

商品 名称	计量 单位	产量		单位成本	
		基期	报告期	基期	报告期
甲	件	100	140	10	8
乙	套	300	280	20	20
丙	台	700	800	12	10

要求：请用Excel计算综合指数。

2.某商店甲、乙、丙三种商品销售量和销售价格见表6-3。

表6-3　　　　　　　　　　　商品销售量和销售价格资料　　　　　　　金额单位：元

商品 名称	计量 单位	销售量		销售价格	
		基期	报告期	基期	报告期
甲	台	220	340	750	680
乙	袋	3 400	4 270	150	120
丙	件	141	199	328	286

要求：请用Excel计算以加权算数平均数指数计算的销售量总指数和以加权调和平均数指数计算的价格总指数。

实验七

相关分析与回归分析

实验目的

掌握如何利用Excel对数据进行相关分析与回归分析。

实验要求

1. 运用Excel的公式和函数进行相关分析。
2. 利用"数据"分析工具进行一元线性回归分析。

寓德于教

相关分析与
回归分析

构建新发展格局　推动高质量发展①

党的二十大报告明确提出"加快构建新发展格局，着力推动高质量发展"，同时又提出"实施科教兴国战略，强化现代化建设人才支撑""教育、科技、人才是全面建设社会主义现代化国家的基础性、战略性支撑。必须坚持科技是第一生产力、人才是第一资源、创新是第一动力，深入实施科教兴国战略、人才强国战略、创新驱动发展战略，开辟发展新领域新赛道，不断塑造发展新动能新优势"。

请思考：

1. 在上面这段文字中，我们如果将"高质量发展""教育""科技""人才"作为变量，那么它们之间是否存在关系呢？如果存在关系，具体是什么关系呢？

2. "教育""科技""人才"具体在多大程度上影响"高质量发展"呢？是否有办法度量这些变量之间的关系呢？

第一节　相关分析

一、散点图法

相关图是用来反映两个变量之间相关关系的图，又称为散点图。相关图可以将两组有关的数据成对地以点的形式描绘在直角坐标上，以观察与分析两种因素之间的关系。

【例7-1】全国居民2013—2021年的年人均可支配收入和年人均消费支出见表7-1，请利用散点图分析居民年人均可支配收入和居民年人均消费支出的相关关系。

---

① 习近平. 高举中国特色社会主义伟大旗帜 为全面建设社会主义现代化国家而团结奋斗——在中国共产党第二十次全国代表大会上的报告［EB/OL］.［2022-10-16］. https://www.gov.cn/xinwen/2022-10/25/content_5721685.htm.

表7-1　　　　　　2013—2021年居民年人均可支配收入和居民年人均消费支出　　　　　单位：元

年份	全国居民年人均可支配收入	全国居民年人均消费支出
2013	18 310.8	13 220.4
2014	20 167.1	14 491.4
2015	21 966.2	15 712.4
2016	23 821	17 110.7
2017	25 973.8	18 322.1
2018	28 228	19 853.1
2019	30 732.8	21 558.9
2020	32 188.8	21 209.9
2021	35 128.1	24 100.1

具体操作步骤如下：

（1）将2013—2021年居民年人均可支配收入和居民年人均消费支出输入到Excel表格中，如图7-1所示。

	A	B	C
1	年份	全国居民年人均可支配收入（元）	全国居民年人均消费支出（元）
2	2013	18310.8	13220.4
3	2014	20167.1	14491.4
4	2015	21966.2	15712.4
5	2016	23821	17110.7
6	2017	25973.8	18322.1
7	2018	28228	19853.1
8	2019	30732.8	21558.9
9	2020	32188.8	21209.9
10	2021	35128.1	24100.1

图7-1　创建数据表格

（2）用鼠标选定数据资料区域B2：C10。在"插入"菜单中选择"散点图"，直接输出散点图，在"布局"菜单中可以对散点图设置"图表标题"和"坐标轴标题"等格式，如图7-2和图7-3所示。

图 7-2 选择图表类型

	A	B	C
1	年份	全国居民年人均可支配收入（元）	全国居民年人均消费支出（元）
2	2013	18310.8	13220.4
3	2014	20167.1	14491.4
4	2015	21966.2	15712.4
5	2016	23821	17110.7
6	2017	25973.8	18322.1
7	2018	28228	19853.1
8	2019	30732.8	21558.9
9	2020	32188.8	21209.9
10	2021	35128.1	24100.1

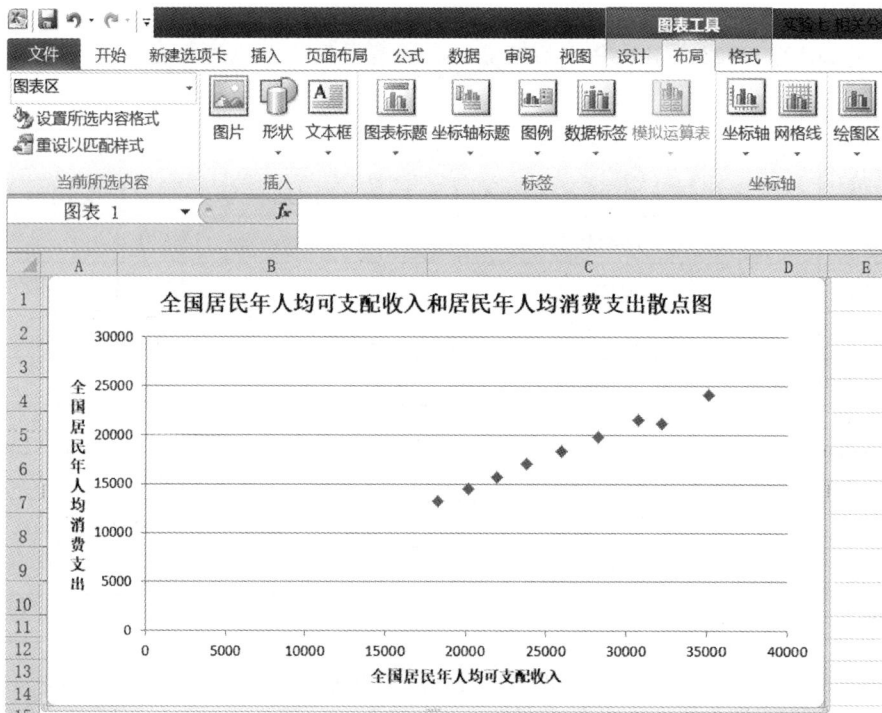

图 7-3 散点图

二、相关系数法

相关系数是用来反映变量之间相关关系密切程度的统计指标，计算公式为：

$$r = \frac{\sum_{i=1}^{n}(x_i - \overline{x})(y_i - \overline{y})}{\sqrt{\sum_{i=1}^{n}(x_i - \overline{x})^2 \sum_{i=1}^{n}(y_i - \overline{y})^2}}$$

【例7-2】某公司统计了公司的广告投入和销售收入的数据，统计资料见表7-2，请计算两变量间的相关系数。

表7-2　　　　　　　　　　　某公司的广告投入和销售收入表　　　　　　　　　单位：万元

月　份	广告投入 X	销售收入 Y	月　份	广告投入 X	销售收入 Y
1	600	610	7	492	420
2	685	566	8	825	642
3	335	350	9	860	664
4	562	459	10	300	339
5	545	447	11	352	355
6	597	480	12	615	491

具体操作步骤如下：

（1）将表7-2的数据输入Excel表格中。

（2）单击任意空单元格，用于放置计算好的相关系数，这里选择F2单元格，在"公式"菜单中选择"插入函数"，或直接单击编辑栏中的按钮fx，打开"插入函数"对话框；在"或选择类别"列表框中选择"统计"，在"选择函数"列表框中选择"CORREL"，如图7-4所示。

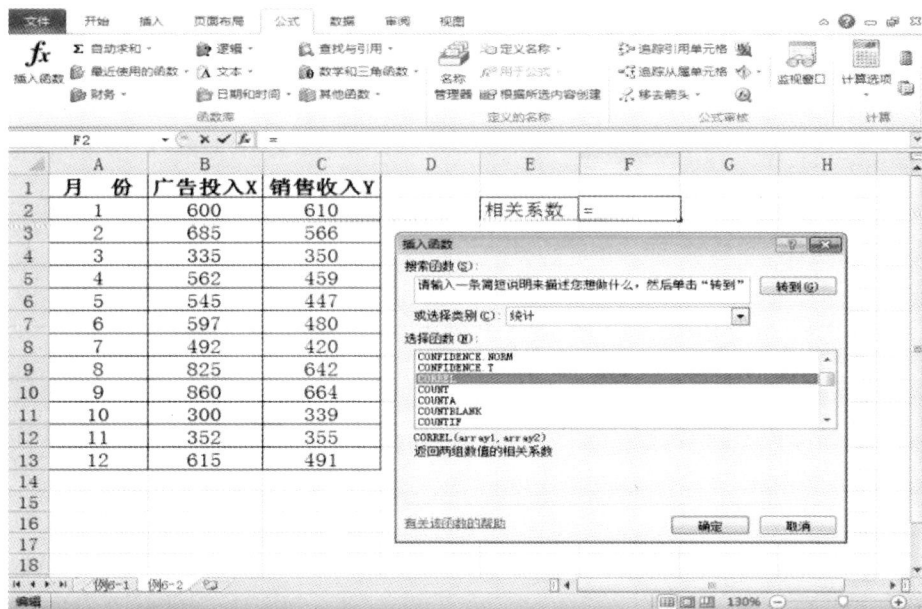

图7-4　"插入函数"对话框

（3）单击"确定"按钮，弹出"函数参数"对话框，在"Array1"文本框中输入"B2：B13"，在"Array2"文本框中输入"C2：C13"，单击"确定"按钮，相关系数结果输出在之前选定的空白单元格F2中，如图7-5和图7-6所示。

图 7-5　"函数参数"对话框

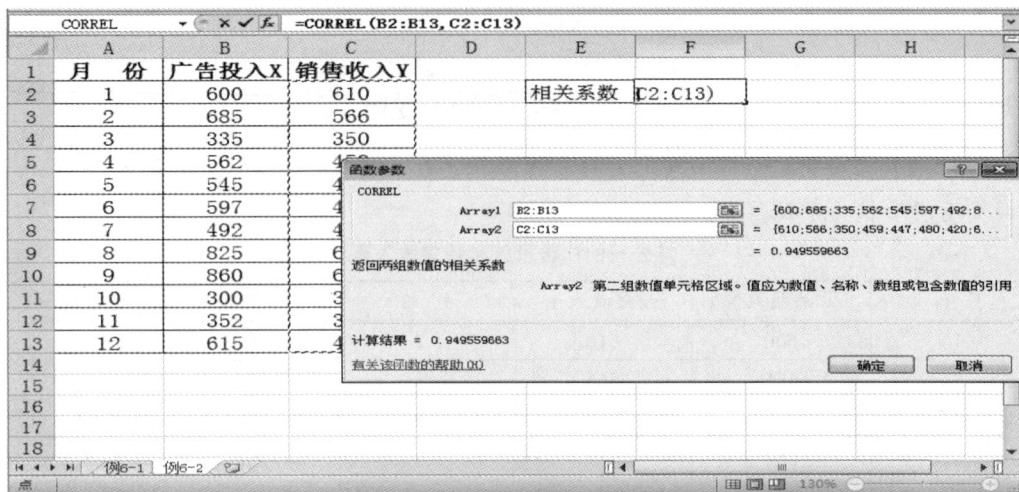

图 7-6　相关系数计算结果

三、相关分析工具法

【例 7-3】一个典型家庭历年收入和耐用品支出的数据见表 7-3，请利用数据分析工具分析历年收入和耐用品支出间的相关关系。

表 7-3　　　　　　　　　　　该家庭历年收入和耐用品支出表　　　　　　　　　　单位：元

年　份	家庭收入 X	耐用品支出 Y	年　份	家庭收入 X	耐用品支出 Y
2013	18 550	1 150	2018	20 550	1 000
2014	20 000	1 100	2019	19 950	1 050
2015	20 100	1 150	2020	19 050	950
2016	21 040	1 200	2021	23 550	1 350
2017	22 750	1 400	2022	20 350	1 050

具体操作步骤如下：

（1）将表 7-3 的数据输入 Excel 表格中。

（2）打开左上角"文件"，然后单击"选项"按钮，单击"加载项"按钮，在"管理"框中，选择"Excel加载项"，单击"转到"按钮。在"可用加载宏"框中，选中"分析工具库"复选框，然后单击"确定"按钮，如图7-7、图7-8所示。

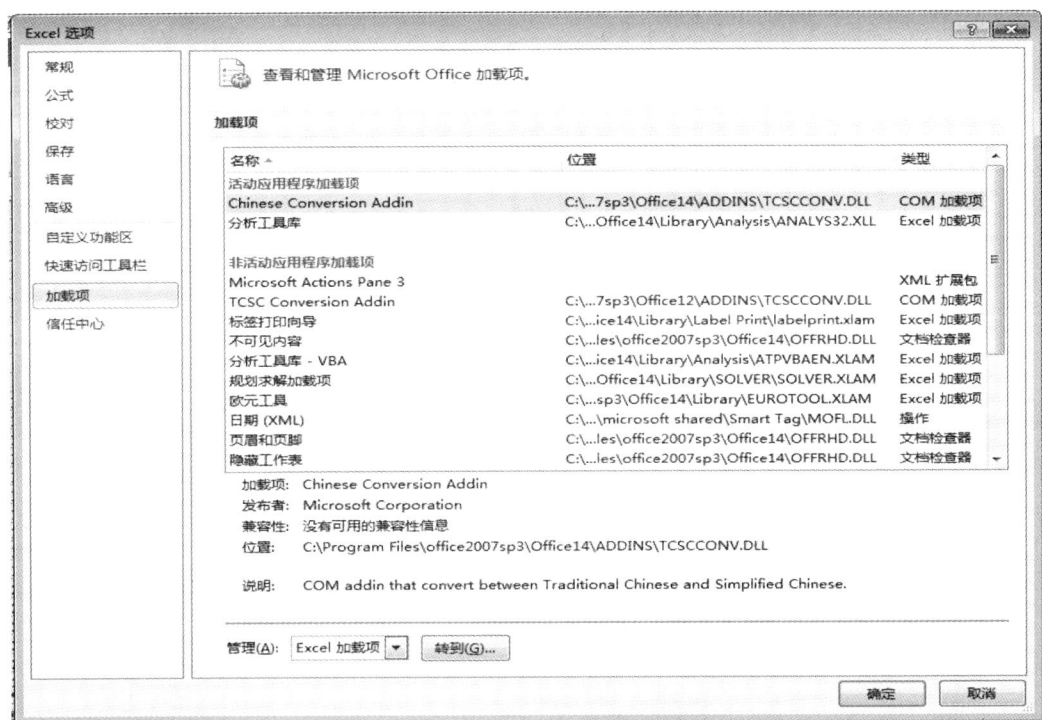

图7-7　"Excel选项"对话框

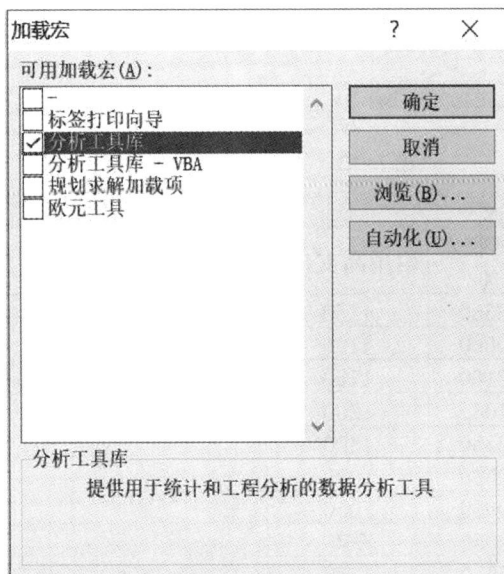

图7-8　"加载宏"对话框

（3）在"数据"菜单下的"数据分析"中，选择"相关系数"，如图7-9所示。

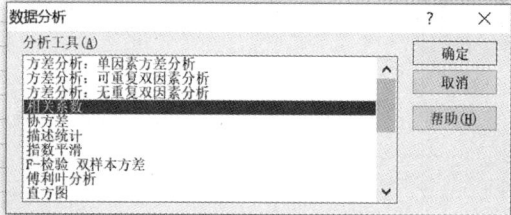

图 7-9　"数据分析"对话框

（4）单击"确定"按钮，弹出"相关函数"对话框，在"输入区域"文本框中输入"$B$2：$C$11"，在"输出区域"文本框中输入"$D$2：$F$3"，单击"确定"按钮，即得到耐用品支出和家庭收入的相关系数矩阵，两者的相关系数为 0.79，如图 7-10 和图 7-11 所示。

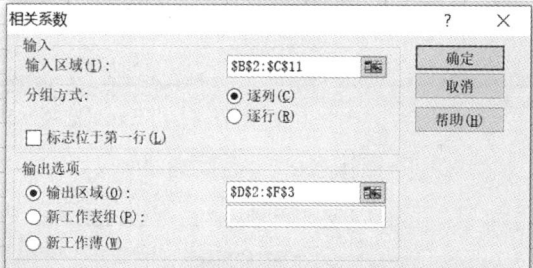

图 7-10　"相关系数"对话框

	A	B	C	D	E	F
1	年份	家庭收入 X	耐用品支出Y			
2	2013	18550	1150		列 1	列 2
3	2014	20000	1100	列 1	1	
4	2015	20100	1150	列 2	0.791905452	1
5	2016	21040	1200			
6	2017	22750	1400			
7	2018	20550	1000			
8	2019	19950	1050			
9	2020	19050	950			
10	2021	23550	1350			
11	2022	20350	1050			

图 7-11　相关系数矩阵

第二节   一元线性回归分析

一元线性回归分析的一般形式为：

$$y = a + bx$$

通常采用最小二乘法对系数 a，b 进行拟合估计，计算公式为：

$$b = \frac{n\sum xy - \sum x \sum y}{n\sum x^2 - (\sum x)^2}$$

$$a = \frac{\sum y}{n} - b\frac{\sum x}{n}$$

【例7-4】承接【例7-3】，请建立历年收入和耐用品支出间的一元线性回归方程。

具体操作步骤如下：

（1）将原始数据输入 Excel 中。

（2）在"数据"菜单下的"数据分析"中，选择"回归"，如图7-12所示。

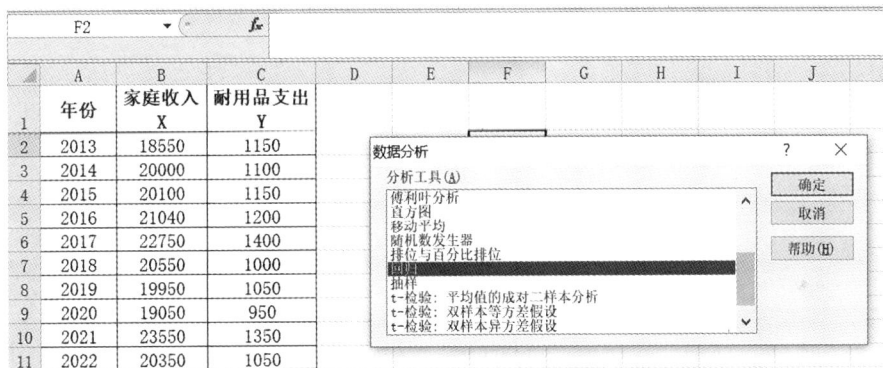

图7-12   "数据分析"对话框

（3）单击"确定"按钮，弹出"回归"对话框，在"Y值输入区域"文本框中输入"$C$2：$C$11"，在"X值输入区域"文本框中输入"$B$2：$B$11"，单击"确定"按钮，即得到耐用品支出和家庭历年收入的一元线性回归结果，如图7-13和图7-14所示。

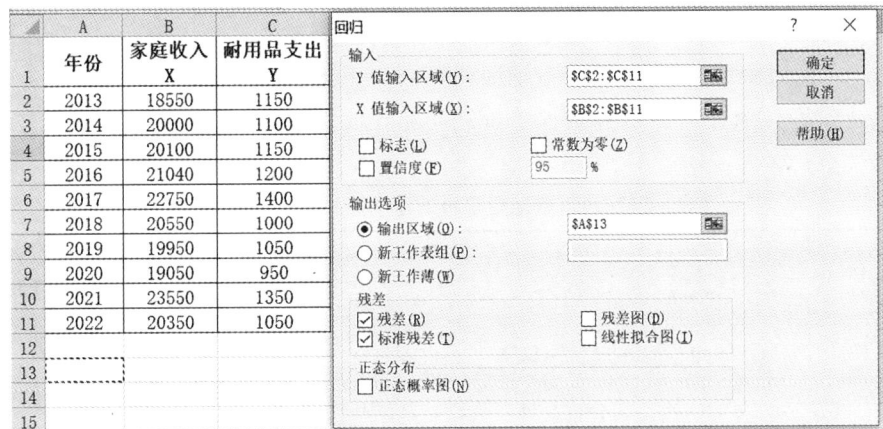

图7-13   "回归"对话框

	A	B	C	D	E	F	G	H	I
13	SUMMARY OUTPUT								
14									
15		回归统计							
16	Multiple	0.79190545							
17	R Square	0.62711424							
18	Adjusted	0.58050353							
19	标准误差	93.8585423							
20	观测值	10							
21									
22	方差分析								
23		df	SS	MS	F	gnificance F			
24	回归分析	1	118524.5923	118524.6	13.45429	0.006328			
25	残差	8	70475.40774	8809.426					
26	总计	9	189000						
27									
28		Coefficients	标准误差	t Stat	P-value	Lower 95%	Upper 95%	下限 95.0%	上限 95.0%
29	Intercept	-398.7495	420.5540082	-0.94815	0.370809	-1368.55	571.0498	-1368.55	571.0498
30	X Variabl	0.07473649	0.020375217	3.668009	0.006328	0.027751	0.121722	0.027751	0.121722
31									

图 7-14　一元线性回归输出结果

练习题

1. 在某地区抽取了 9 家生产同类产品的企业，其月产量和单位产品成本的资料见表 7-4。

表7-4   9家企业的月产量和单位产品成本资料表

企业编号	1	2	3	4	5	6	7	8	9
月产量 X（千件）	4.1	6.3	5.4	7.6	3.2	8.5	9.7	6.8	2.1
单位产品成本 Y（元）	80	72	71	58	86	50	42	63	91

要求：请用 Excel 计算月产量和单位产品成本的相关系数，并建立月产量和单位产品成本间的一元线性回归方程。

2. 某建筑商投资了 16 块地，其造地面积不同，工程造价也各不相同。忽略其他因素的影响，建筑商认为造地面积和工程造价之间存在线性相关关系，具体的统计数据见表 7-5。

表7-5   16块地造地面积和工程造价关系表

地区编号	造地面积 X（平方米）	工程造价 Y（百万元）	地区编号	造地面积 X（平方米）	工程造价 Y（百万元）
1	4 840	412	9	3 215	240
2	4 580	384	10	3 312	256

地区编号	造地面积 X （平方米）	工程造价 Y （百万元）	地区编号	造地面积 X （平方米）	工程造价 Y （百万元）
3	3 280	250	11	4 125	354
4	3 930	328	12	3 100	230
5	4 287	358	13	4 970	425
6	4 060	338	14	3 500	282
7	3 702	308	15	3 832	315
8	5 035	432	16	5 165	445

要求：请利用数据分析工具确定造地面积和工程造价间是否存在相关性，若存在相关性，求两者间的回归方程。

实验八

参数估计

实验目的

 掌握如何利用Excel对数据进行参数估计。

实验要求

1. 运用 Excel 的公式和函数进行区间估计。
2. 利用"描述统计"分析工具进行参数估计。

寓德于教

参数估计

中国概率统计事业的奠基人——许宝騄[①]

 许宝騄教授是20世纪最富创造性的统计学家之一,他在奈曼—皮尔逊理论、参数估计理论、多元分析、极限理论等方面取得了卓越成就,是多元统计分析学科的开拓者之一。其研究成果推动了概率论与数理统计的发展。至今"许方法"(多元分析统计学家谢菲称之为"数学严密性的范本")仍被认为是解决检验问题的最实用方法。抗日战争爆发后,许宝騄教授毅然决然地回到战火纷飞的祖国,为国效劳。他在北大举办了第一个概率统计讲习班,为我国培养了一批概率论与数理统计学科的教学和科研人才。他在病重时仍然没有停止教学,一个人领导3个讨论班,带领青年人搞科研。他将自己的一切都献给了祖国和科学,这种崇高的精神值得青年一代学习和继承。

第一节 单个总体均值的区间估计

一、大样本且总体方差已知的总体均值区间估计

 在大样本情况下,总体方差 σ^2 已知,总体均值 μ 在 $1-\alpha$ 置信水平下的置信区间为:

$$\bar{x} \pm z_{\frac{\alpha}{2}} \frac{\sigma}{\sqrt{n}}$$

 【例8-1】A市自来水公司对该市200户农村居民进行满意度调查,已知客户对自来水公司产品的满意度平均值为3.52,标准差为0.74,请在95%的概率保证度下估计A市所有农村居民对自来水公司的产品满意度区间。

① 和乐数学. 中国概率统计事业的奠基人许宝騄 [EB/OL]. [2021−08−12]. https://mp.weixin.qq.com/s? __biz =MzI2NjE0MTY0MA== &mid=2652729602&idx=1&sn=124f92a19db3db1e345cf52b4d827426&chksm=f17b7ba5c60cf2b305d 74812d8de79a0ff0afbe1dfd68d4ed6f1ddf193167fb0741f6cc2ee6f&scene=27.

具体操作步骤如下：

（1）将数据输入 Excel 表格中。

（2）单击任意空单元格，用于放置抽样平均误差，此处选择 E3 单元格。在"公式"菜单中选择"插入函数"，或直接单击编辑栏中的按钮 f，打开"插入函数"对话框；在"或选择类别"列表框中选择"常用函数"或"统计"，在"选择函数"列表框中选择"CONFIDENCE.NORM"，如图 8-1 所示。

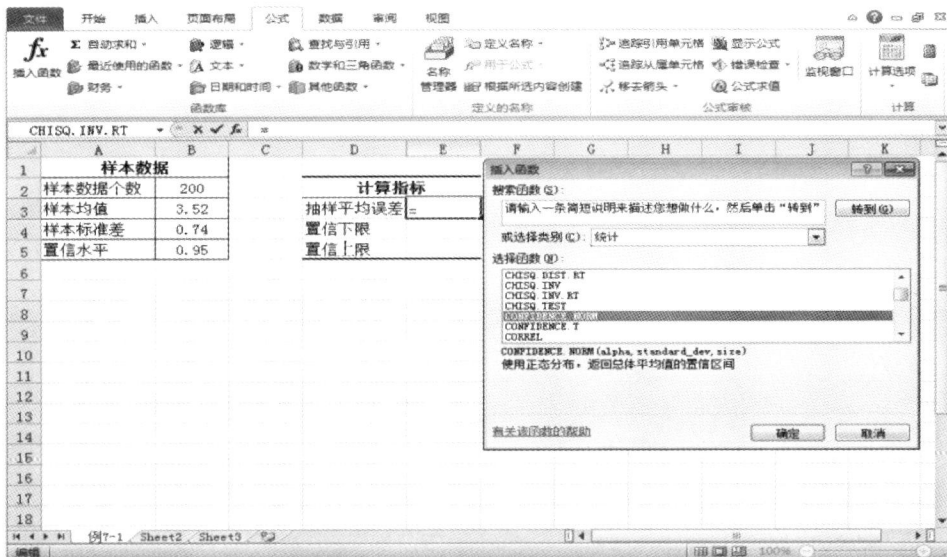

图 8-1　"插入函数"对话框

（3）单击"确定"按钮，弹出"函数参数"对话框，在"Alpha"文本框中输入给定的显著性水平"0.05"（显著性水平=1-概率保证程度=1-95%=0.05），在"Standard_dev"文本框中输入标准差"0.74"，在"Size"文本框中输入样本容量"200"，如图 8-2 所示。

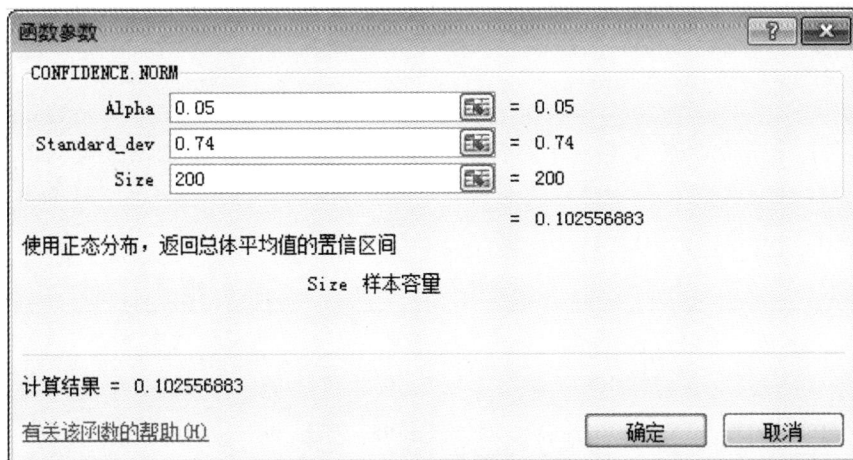

图 8-2　"函数参数"对话框

（4）单击"确定"按钮，在 Excel 文件窗口选定的 E3 单元格中即显示出极限误差值"0.102557"，如图 8-3 所示。

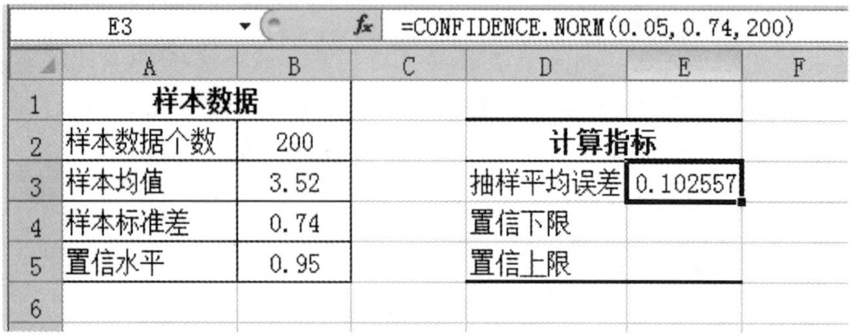
E3　=CONFIDENCE.NORM(0.05,0.74,200)

	A	B	C	D	E	F
1	样本数据					
2	样本数据个数	200		计算指标		
3	样本均值	3.52		抽样平均误差	0.102557	
4	样本标准差	0.74		置信下限		
5	置信水平	0.95		置信上限		
6						

图8-3　极限误差值

(5) 单击任意空单元格，用于放置置信下限，此处选择E4单元格。输入"=3.52-E3"，按回车键确认，即可得到总体平均数的下限"3.417443"。单击任意空单元格，用于放置置信上限，此处选择E5单元格。输入"=3.52+E3"，按回车键确认，即可得到总体平均数的上限"3.622557"，如图8-4所示。

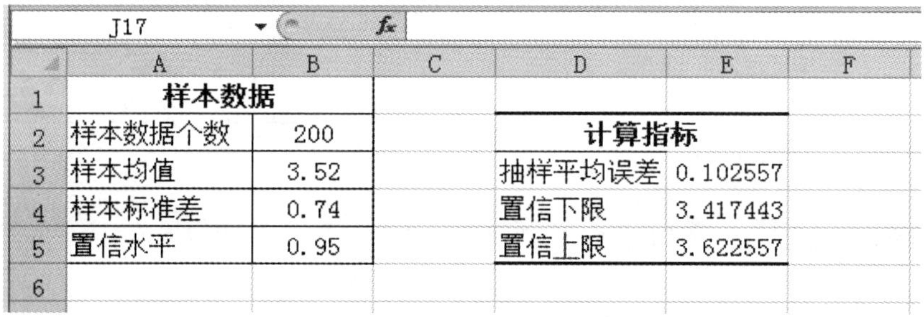
J17

	A	B	C	D	E	F
1	样本数据					
2	样本数据个数	200		计算指标		
3	样本均值	3.52		抽样平均误差	0.102557	
4	样本标准差	0.74		置信下限	3.417443	
5	置信水平	0.95		置信上限	3.622557	
6						

图8-4　总体平均数的区间估计

二、小样本且总体方差已知的总体均值区间估计

在小样本情况下，当总体服从正态分布且总体方差σ^2已知，总体均值μ在$1-\alpha$置信水平下的置信区间为：

$$\bar{x} \pm z_{\frac{\alpha}{2}} \frac{\sigma}{\sqrt{n}}$$

【例8-2】一家食品厂生产某种袋装食品，为对产品进行质量检测，现从某天生产的一批食品中随机抽取25袋，测得每袋食品的重量见表8-1。已知该产品重量分布服从正态分布，且总体的标准差为10克，试以95%的置信水平估计该批产品平均重量的置信区间。

表8-1　　25袋食品的重量　　单位：克

序号	重量	序号	重量	序号	重量	序号	重量	序号	重量
1	112.5	6	101	11	103	16	102	21	100.5
2	102.6	7	107.5	12	95	17	108.8	22	115.6
3	100	8	123.5	13	102	18	101.6	23	102.2
4	116.6	9	95.4	14	97.8	19	108.6	24	105
5	136.8	10	102.8	15	101.5	20	98.4	25	93.3

具体操作步骤如下：

（1）将数据输入 Excel 表格中。

（2）单击任意空单元格，用于放置计算好的算术平均数，此处选择 E5 单元格。在"公式"菜单中选择"插入函数"，或直接单击编辑栏中的按钮 f_x，打开"插入函数"对话框；在"或选择类别"列表框中选择"常用函数"或"统计"，在"选择函数"列表框中选择"AVERAGE"，如图 8-5 所示。

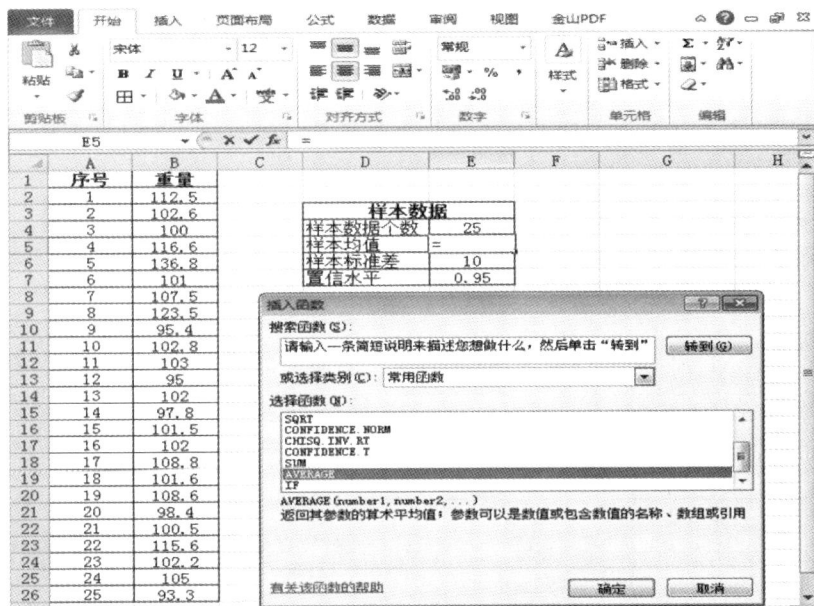

图 8-5　"插入函数"对话框

（3）单击"确定"按钮，弹出"函数参数"对话框，在"Number1"文本框中输入"B2：B26"，单击"确定"按钮，即得到 25 袋食品的平均重量为 105.36 克，如图 8-6 和图 8-7 所示。

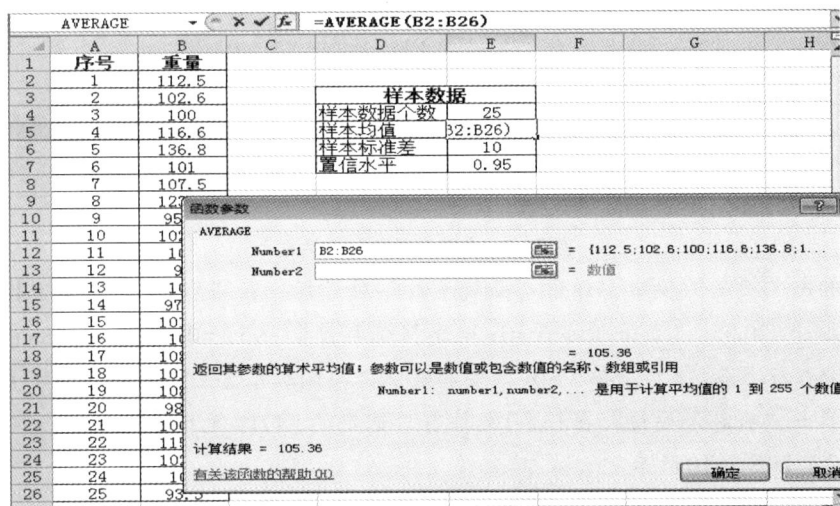

图 8-6　"函数参数"对话框

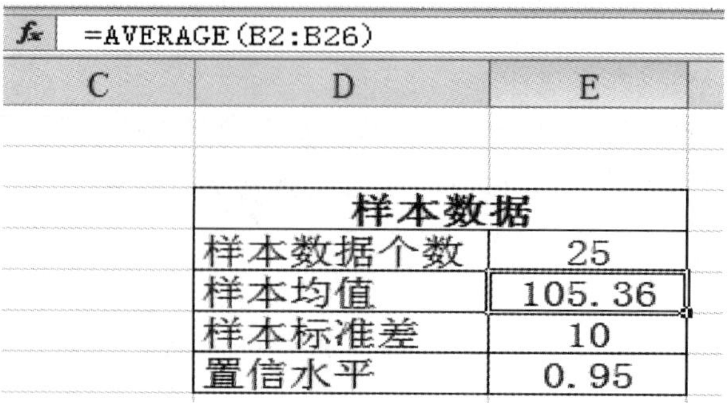

f_x =AVERAGE(B2:B26)

	C	D	E
		样本数据	
		样本数据个数	25
		样本均值	105.36
		样本标准差	10
		置信水平	0.95

图 8-7   25袋产品的平均重量

（4）单击任意空单元格，用于放置抽样平均误差，此处选择E12单元格。在"公式"菜单中选择"插入函数"，或直接单击编辑栏中的按钮 f_x，打开"插入函数"对话框；在"或选择类别"列表框中选择"常用函数"或"统计"，在"选择函数"列表框中选择"CONFIDENCE.NORM"，如图8-8所示。

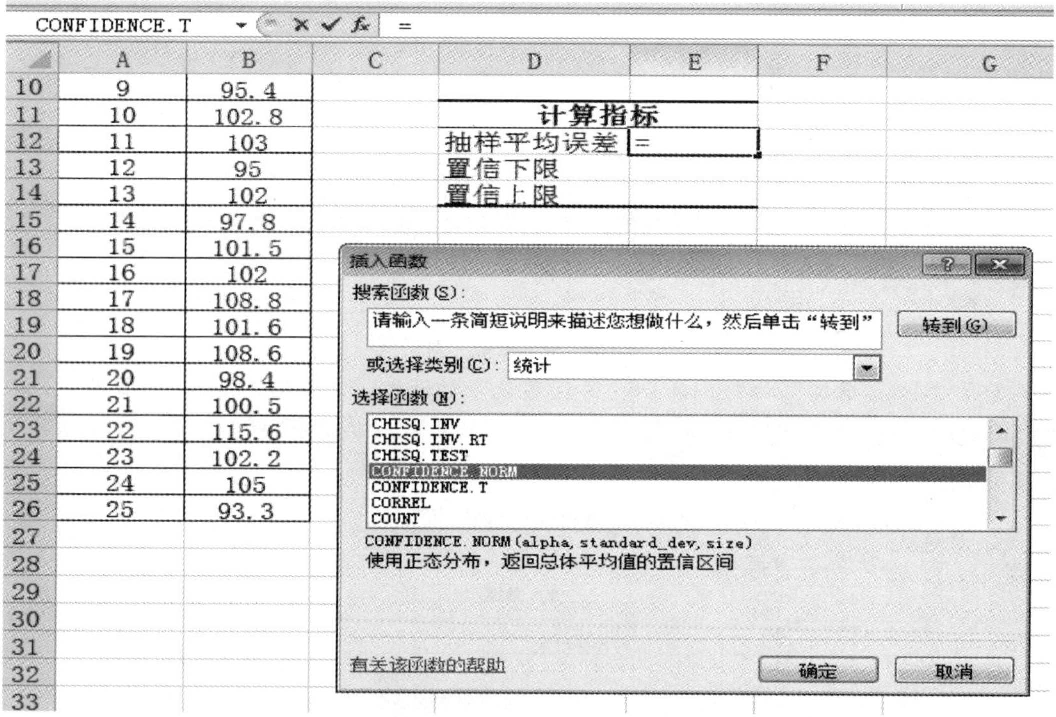

图 8-8   "插入函数"对话框

（5）单击"确定"按钮，弹出"函数参数"对话框，在"Alpha"文本框中输入给定的显著性水平"0.05"（显著性水平=1-概率保证程度=1-95%=0.05），在"Standard_dev"文本框中输入标准差"10"，在"Size"文本框中输入样本容量"25"，如图8-9所示。

（6）单击"确定"按钮，在Excel文件窗口选定的E12单元格中即显示出极限误差值"3.919928"，如图8-10所示。

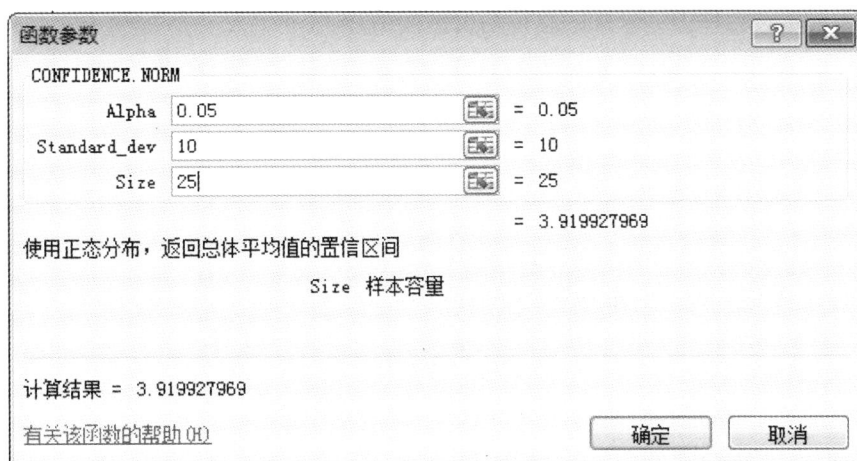

图 8-9　"函数参数"对话框

图 8-10　极限误差值

（7）单击任意空单元格，用于放置置信下限，此处选择 E13 单元格。输入"=105.36-E12"，按回车键确认，即可得到总体平均数的下限"101.44"。单击任意空单元格，用于放置置信上限，此处选择 E14 单元格。输入"=105.36+E12"，按回车键确认，即可得到总体平均数的上限"109.28"，如图 8-11 所示。

图 8-11　总体平均数的区间估计

三、大样本且总体方差未知的总体均值区间估计

在大样本情况下，总体方差 σ^2 未知，总体均值 μ 在 $1-\alpha$ 置信水平下的置信区间为：

$$\bar{x} \pm z_{\alpha/2} \frac{s}{\sqrt{n}}$$

【例 8-3】一家保险公司收集到 36 个投保人组成的随机样本，得到各个投保人的年龄数据（见表 8-2）。试建立投保人年龄 90% 的置信区间。

表 8-2　　　　　　　　　　　　36 位投保人的年龄数据　　　　　　　　　　单位：岁

序号	年龄	序号	年龄	序号	年龄	序号	年龄
1	23	10	28	19	27	28	44
2	36	11	49	20	43	29	48
3	42	12	39	21	54	30	45
4	34	13	39	22	36	31	44
5	39	14	46	23	34	32	33
6	34	15	45	24	48	33	24
7	35	16	39	25	36	34	40
8	42	17	38	26	31	35	50
9	53	18	45	27	47	36	32

具体操作步骤如下：

（1）将原始数据输入 Excel 中。

（2）单击任意空单元格，用于放置计算好的样本均值，此处选择 E4 单元格。在"公式"菜单中选择"插入函数"，或直接单击编辑栏中的按钮 f_x，打开"插入函数"对话框；在"或选择类别"列表框中选择"常用函数"或"统计"，在"选择函数"列表框中选择"AVERAGE"。单击"确定"按钮，弹出"函数参数"对话框，在"Number1"文本框中输入"A2：B19"，单击"确定"按钮，即得到平均数为 39.5，如图 8-12 所示。

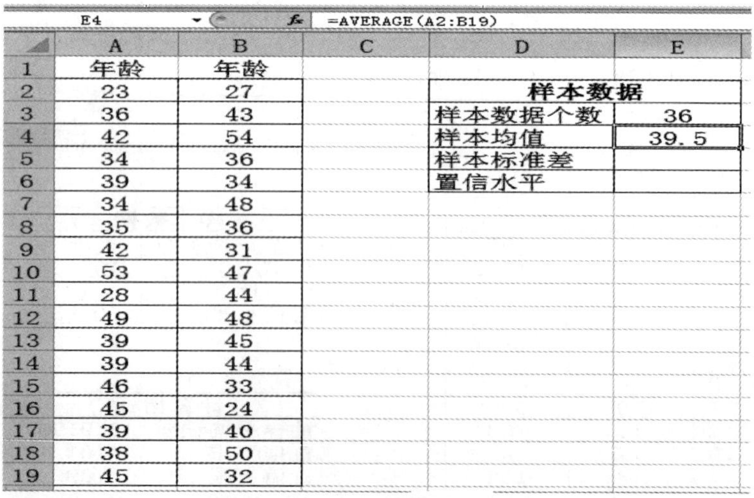

图 8-12　样本平均数计算

（3）单击 E5 单元格，用于放置计算好的标准差，在"公式"菜单中选择"插入函数"，或直接单击编辑栏中的按钮 f_x，打开"插入函数"对话框；在"或选择类别"列表框中选择"统计"，在"选择函数"列表框中选择"STDEV.S"。单击"确定"按钮，弹出"函数参数"对话框，在"Number1"文本框中输入"A2：B19"，单击"确定"按钮，即得到标准差为 7.77358，如图 8-13 所示。

	E5		f_x	=STDEV.S(A2:B19)	
	A	B	C	D	E
1	年龄	年龄		样本数据	
2	23	27			
3	36	43		样本数据个数	36
4	42	54		样本均值	39.5
5	34	36		样本标准差	7.77358
6	39	34		置信水平	
7	34	48			
8	35	36			
9	42	31			
10	53	47			
11	28	44			
12	49	48			
13	39	45			
14	39	44			
15	46	33			
16	45	24			
17	39	40			
18	38	50			
19	45	32			

图 8-13 样本标准差计算

（4）单击任意空单元格，用于放置抽样平均误差，此处选择 E10 单元格。在"公式"菜单中选择"插入函数"，或直接单击编辑栏中的按钮 f_x，打开"插入函数"对话框；在"或选择类别"列表框中选择"常用函数"或"统计"，在"选择函数"列表框中选择"CONFIDENCE.NORM"。单击"确定"按钮，弹出"函数参数"对话框，在"Alpha"文本框中输入给定的显著性水平"0.1"（显著性水平=1-概率保证程度=1-90%=0.1），在"Standard_dev"文本框中输入标准差"7.77"，在"Size"文本框中输入样本容量"36"，如图 8-14 所示。

	E10		f_x	=CONFIDENCE.NORM(0.1,7.77,36)	
	A	B	C	D	E
1	年龄	年龄		样本数据	
2	23	27			
3	36	43		样本数据个数	36
4	42	54		样本均值	39.5
5	34	36		样本标准差	7.77358
6	39	34		置信水平	0.9
7	34	48			
8	35	36			
9	42	31		计算指标	
10	53	47		抽样平均误差	2.13009
11	28	44		置信下限	
12	49	48		置信上限	
13	39	45			
14	39	44			
15	46	33			
16	45	24			
17	39	40			
18	38	50			
19	45	32			

图 8-14 抽样平均误差

（5）单击任意空单元格，用于放置置信下限，此处选择 E11 单元格。输入"=E4-E10"，按回车键确认，即可得到总体平均数的下限"37.3699"。单击任意空单元格，用于放置置信上限，此处选择 E12 单元格。输入"=E4+E10"，按回车键确认，即可得到总体平均数的上限"41.6301"，如图 8-15 所示。

	A	B	C	D	E
	E11			f_x	=E4-E10
1	年龄	年龄			
2	23	27		**样本数据**	
3	36	43		样本数据个数	36
4	42	54		样本均值	39.5
5	34	36		样本标准差	7.77358
6	39	34		置信水平	0.9
7	34	48			
8	35	36			
9	42	31		**计算指标**	
10	53	47		抽样平均误差	2.13009
11	28	44		置信下限	37.3699
12	49	48		置信上限	41.6301
13	39	45			
14	39	44			
15	46	33			
16	45	24			
17	39	40			
18	38	50			
19	45	32			

图 8-15　总体平均数的区间估计

四、小样本且总体方差未知的总体均值区间估计

在小样本情况下，当总体服从正态分布且总体方差 σ^2 未知，总体均值 μ 在 $1-\alpha$ 置信水平下的置信区间为：

$$\bar{x} \pm t_{\alpha/2} \frac{s}{\sqrt{n}}$$

【例 8-4】已知灯泡的寿命服从正态分布，先从一批灯泡中随机抽取 16 只，测得灯泡的使用寿命见表 8-3。试建立该批灯泡平均使用寿命在 95% 置信水平的置信区间。

表 8-3　　　　　　　　　　　**16 只灯泡的使用寿命**　　　　　　　　　　单位：小时

序号	使用寿命	序号	使用寿命	序号	使用寿命	序号	使用寿命
1	1 510	5	1 480	9	1 520	13	1 490
2	1 480	6	1 530	10	1 500	14	1 510
3	1 450	7	1 460	11	1 480	15	1 460
4	1 510	8	1 470	12	1 520	16	1 470

具体操作步骤如下：

（1）将原始数据输入 Excel 中。

（2）单击任意空单元格，用于放置计算好的样本均值，此处选择 E4 单元格。在"公式"菜单中选择"插入函数"，或直接单击编辑栏中的按钮 f_x，打开"插入函数"对话框；在"或选择类别"列表框中选择"常用函数"或"统计"，在"选择函数"列表框中选择"AVERAGE"。单击"确定"按钮，弹出"函数参数"对话框，在"Number1"文本框中输入"A2:B9"，单击"确定"按钮，即得到平均数为 1 490，如图 8-16 所示。

图 8-16　样本平均数计算

（3）单击 E5 单元格，用于放置计算好的标准差，在"公式"菜单中选择"插入函数"，或直接单击编辑栏中的按钮 f_x，打开"插入函数"对话框；在"或选择类别"列表框中选择"统计"，在"选择函数"列表框中选择"STDEV.S"。单击"确定"按钮，弹出"函数参数"对话框，在"Number1"文本框中输入"A2：B9"，单击"确定"按钮，即得到标准差为 24.7656，如图 8-17 所示。

图 8-17　样本标准差计算

（4）单击任意空单元格，用于放置 $t_{\alpha/2}$ 的值，此处选择 E7 单元格。在"公式"菜单中选择"插入函数"，或直接单击编辑栏中的按钮 f_x，打开"插入函数"对话框；在"或选择类别"列表框中选择"常用函数"或"统计"，在"选择函数"列表框中选择"T.INV.2T"，如图 8-18 所示。

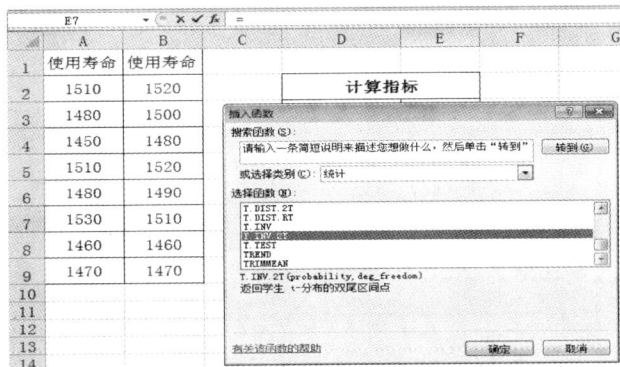

图 8-18　"插入函数"对话框

（5）单击"确定"按钮，弹出"函数参数"对话框，在"Probability"文本框中输入给定的显著性水平"0.05"（显著性水平=1-概率保证程度=1-95%=0.05），在"Deg_freedom"文本框中输入自由度"15"，如图8-19所示。

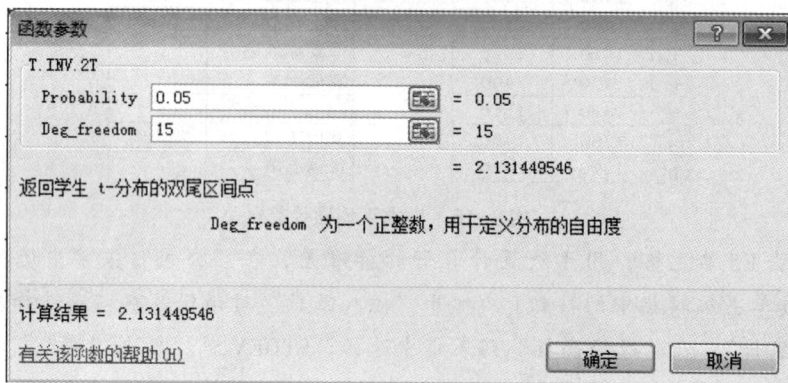

图8-19　"函数参数"对话框

（6）单击"确定"按钮，在 Excel 文件窗口选定的 E7 单元格中即显示出 $t_{\alpha/2}$ 的值为"2.13145"，如图8-20所示。

图8-20　$t_{\alpha/2}$ 值

（7）单击任意空单元格，用于放置置信下限，此处选择 E8 单元格。输入"=E4-E7*E5/SQRT（E3）"，按回车键确认，即可得到总体平均数的下限"1476.8"。单击任意空单元格，用于放置置信上限，此处选择 E9 单元格。输入"=E4+E7*E5/SQRT（E3）"，按回车键确认，即可得到总体平均数的上限"1503.2"，如图8-21所示。

图8-21　总体平均数的区间估计

【例8-5】利用【例8-4】的数据，试用 Excel "数据分析" 的 "描述统计" 功能，建立该批灯泡平均使用寿命95%的置信区间。

具体操作步骤如下：

（1）将原始数据输入 Excel 中。

（2）在 "数据" 菜单中选择 "数据分析"，打开 "数据分析" 对话框，在 "分析工具" 列表框中选择 "描述统计"，如图8-22所示。

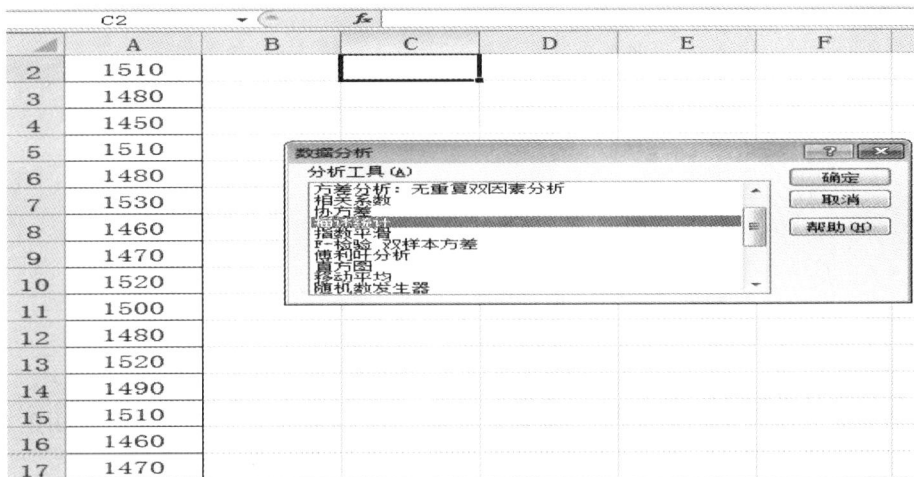

图8-22 "数据分析" 对话框

（3）单击 "确定" 按钮，弹出 "描述统计" 对话框，在 "输入区域" 文本框中输入 "$A$1：$A$17"，在 "输出区域" 文本框中输入 "$C$2"，选择 "汇总统计" 复选框，在 "平均数置信度" 文本框中输入 "95"，如图8-23所示。

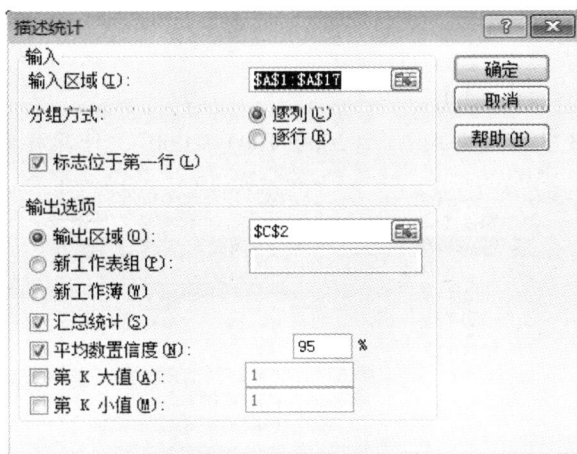

图8-23 "描述统计" 对话框

（4）单击 "确定" 按钮，得出输出结果。单击任意空单元格，用于放置置信下限，此处选择G2单元格。输入 "=D4-D17"，按回车键确认，即可得到总体平均数的下限 "1476.803"。单击任意空单元格，用于放置置信上限，此处选择G3单元格。输入 "=D4+D17"，按回车键确认，即可得到总体平均数的上限 "1503.197"，如图8-24所示。

G3　f_x　=D4+D17

	A	B	C	D	E	F	G
1	使用寿命						
2	1510		使用寿命			置信下限	1476.803
3	1480					置信上限	1503.197
4	1450		平均	1490			
5	1510		标准误差	6.191391874			
6	1480		中位数	1485			
7	1530		众数	1510			
8	1460		标准差	24.76556749			
9	1470		方差	613.3333333			
10	1520		峰度	-1.27209747			
11	1500		偏度	0.030095883			
12	1480		区域	80			
13	1520		最小值	1450			
14	1490		最大值	1530			
15	1510		求和	23840			
16	1460		观测数	16			
17	1470		置信度(95.0%)	13.1966394			

图 8-24　总体均值置信区间

第二节　单个总体成数的区间估计

若总体比例π服从二项分布，当样本量足够大时，比例p的抽样分布可以用正态分布来近似得到，则总体比例π在1-α置信水平下的置信区间为：

$$p \pm z_{\alpha/2}\sqrt{\frac{\pi(1-\pi)}{n}}$$

【例 8-6】已知某厂在某时期内生产了10万个零件，按不重复抽样的方法从中随机抽取了2 000个零件进行检验，得知其中废品有100个，试以95%的概率保证程度估计全部零件合格率的区间。

具体操作步骤如下：

（1）将原始数据输入Excel中。

（2）在单元格E3中输入公式“=（2000-100）/2000”，计算样本成数，按回车键确定，如图8-25所示。

SUM　× ✓ f_x　=(2000-100)/2000

	A	B	C	D	E
1	统计数据				
2	总体数据个数	100000		计算指标	
3	样本数据个数	2000		样本成数	=(2000-100)/2000
4	样本废品个数	100		样本平均误差	
5	置信水平	0.95		概率度	
6				样本允许误差	
7				总体成数下限	
8				总体成数上限	

图 8-25　计算样本成数

（3）单击任意空单元格，用于放置抽样平均误差，此处选择E4单元格。在“公式”菜单中选择“插入函数”，或直接单击编辑栏中的按钮f_x，打开“插入函数”对话框；在“或选择类别”列表框中选择“常用函数”或“全部”，在“选择函数”列表框中选择“SQRT”，如图8-26所示。

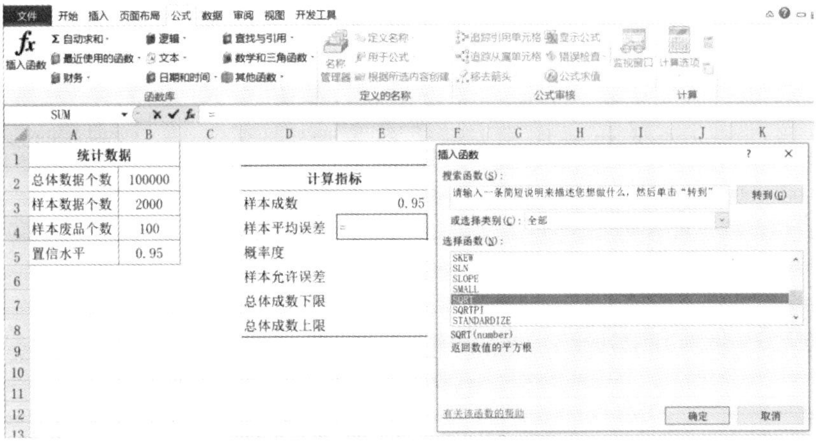

图 8-26　"插入函数"对话框

（4）单击"确定"按钮，弹出"函数参数"对话框，在"Number"文本框中输入
"（0.95*0.05/2000）*（1-2000/100000）"，如图 8-27 所示。

图 8-27　"函数参数"对话框

（5）单击任意空单元格，用于放置概率度，此处选择 E5 单元格。在"公式"菜单中
选择"插入函数"，或直接单击编辑栏中的按钮 fₓ，打开"插入函数"对话框；在"或选
择类别"列表框中选择"常用函数"或"全部"，在"选择函数"列表框中选择"TINV"，
如图 8-28 所示。

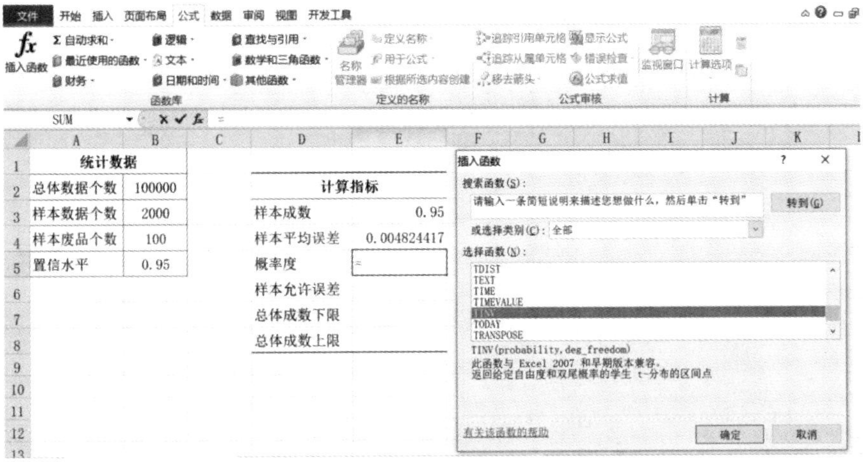

图 8-28　"插入函数"对话框

（6）单击"确定"按钮，弹出"函数参数"对话框，在"Probability"文本框中输入给定的显著性水平"0.05"（显著性水平=1-概率保证程度=1-95%=0.05），在"Deg_freedom"文本框中输入样本容量"2000"，如图8-29所示。

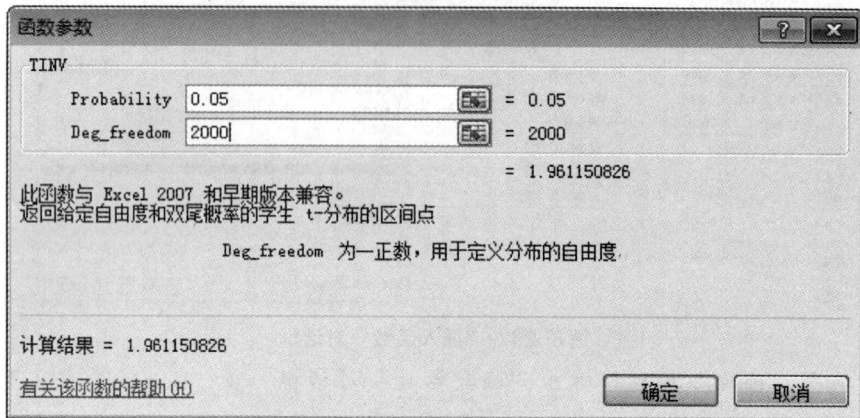

函数参数

TINV

Probability	0.05	= 0.05
Deg_freedom	2000	= 2000

= 1.961150826

此函数与 Excel 2007 和早期版本兼容。
返回给定自由度和双尾概率的学生 t-分布的区间点

Deg_freedom 为一正数，用于定义分布的自由度。

计算结果 = 1.961150826

有关该函数的帮助(H)   确定   取消

图8-29 "函数参数"对话框

（7）单击"确定"按钮，在 Excel 文件窗口选定的 E5 单元格中即显示出概率度"1.961150826"，如图8-30所示。

K9

	A	B	C	D	E
1	统计数据				
2	总体数据个数	100000		计算指标	
3	样本数据个数	2000		样本成数	0.95
4	样本废品个数	100		样本平均误差	0.004824417
5	置信水平	0.95		概率度	1.961150826
6				样本允许误差	
7				总体成数下限	
8				总体成数上限	

图8-30 概率度

（8）将光标定位在 E6 单元，输入函数公式"=E4*E5"，按回车键确定，在 E6 单元格中即显示出样本允许误差"0.00946141"，如图8-31所示。

K18

	A	B	C	D	E
1	统计数据				
2	总体数据个数	100000		计算指标	
3	样本数据个数	2000		样本成数	0.95
4	样本废品个数	100		样本平均误差	0.004824417
5	置信水平	0.95		概率度	1.961150826
6				样本允许误差	0.00946141
7				总体成数下限	
8				总体成数上限	

图8-31 样本允许误差

（9）单击任意空单元格，用于放置成数下限，此处选择E7单元格。输入"=E3-E6"，按回车键确认，即可得到总体成数的下限"0.94053859"。单击任意空单元格，用于放置成数上限，此处选择E8单元格。输入"=E3+E6"，按回车键确认，即可得到总体成数的上限"0.95946141"，如图8-32所示。

	A	B	C	D	E
	K15		fx		
1	统计数据			计算指标	
2	总体数据个数	100000			
3	样本数据个数	2000		样本成数	0.95
4	样本废品个数	100		样本平均误差	0.004824417
5	置信水平	0.95		概率度	1.961150826
6				样本允许误差	0.00946141
7				总体成数下限	0.94053859
8				总体成数上限	0.95946141

图8-32　总体成数的区间估计

第三节　单个总体方差的区间估计

若总体服从正态分布，根据样本方差的抽样分布可知，样本方差服从自由度为$n-1$的χ^2分布，则总体方差σ^2在$1-\alpha$置信水平下的置信区间为：

$$\frac{(n-1)s^2}{\chi^2_{\alpha/2}(n-1)} \leqslant \sigma^2 \leqslant \frac{(n-1)s^2}{\chi^2_{1-\alpha/2}(n-1)}$$

【例8-7】已知某种压缩机的使用寿命服从正态分布，现随机抽取10台压缩机，测得使用寿命（小时）为：15 020，14 530，13 760，11 080，16 500，12 130，12 080，14 800，15 500，17 000。试以95%的概率保证程度估计压缩机使用寿命方差σ^2的置信区间。

具体操作步骤如下：

（1）将原始数据输入Excel中。

（2）单击D3单元格，用于放置计算好的标准差，在"公式"菜单中选择"插入函数"，或直接单击编辑栏中的按钮f_x，打开"插入函数"对话框；在"或选择类别"列表框中选择"统计"，在"选择函数"列表框中选择"STDEV.S"。单击"确定"按钮，弹出"函数参数"对话框，在"Number1"文本框中输入"A2：A11"，单击"确定"按钮，即得到标准差为1 962.22，方差为3 850 289，如图8-33所示。

（3）单击任意空单元格，用于放置$\chi^2_{\alpha/2}$的值，此处选择D7单元格，在D7单元格中输入"=CHIINV（D5/2，D2-1）"，单击"确定"按钮，即得到$\chi^2_{\alpha/2}$的值为19.0228。单击D8单元格，用于放置$\chi^2_{1-\alpha/2}$的值，在D8单元格中输入"=CHIINV（1-D5/2，D2-1）"，单击"确定"按钮，即得到$\chi^2_{1-\alpha/2}$的值为2.70039。输出结果如图8-34所示。

	D3		fx	=STDEV.S(A2:A11)	
	A	B	C	D	E
1	使用寿命				
2	15020		样本容量	10	
3	14530		样本标准差	1962.22	
4	13760		样本方差	3850289	
5	11080		置信度	0.05	
6	16500				
7	12130				
8	12080				
9	14800				
10	15500				
11	17000				

图 8-33　标准差计算

	K17		fx		
	A	B	C	D	E
1	使用寿命				
2	15020		样本容量	10	
3	14530		样本标准差	1962.22	
4	13760		样本方差	3850289	
5	11080		置信度	0.05	
6	16500				
7	12130		$\chi^2_{\alpha/2}$	19.0228	
8	12080		$\chi^2_{1-\alpha/2}$	2.70039	
9	14800				
10	15500				
11	17000				

图 8-34　计算 $\chi^2_{\alpha/2}$ 和 $\chi^2_{1-\alpha/2}$ 的值

（4）单击 D10 单元格，用于放置总体方差 σ^2 置信区间的上限，在 D10 单元格中输入"=（D2-1）*D4/D7"，按回车键确认。单击 D11 单元格，用于放置总体方差 σ^2 置信区间的下限，在 D11 单元格中输入"=（D2-1）*D4/D8"，按回车键确认。输出结果如图 8-35 所示。

	D10		fx	=(D2-1)*D4/D7
	A	B	C	D
1	使用寿命			
2	15020		样本容量	10
3	14530		样本标准差	1962.215
4	13760		样本方差	3850289
5	11080		置信度	0.05
6	16500			
7	12130		$\chi^2_{\alpha/2}$	19.02277
8	12080		$\chi^2_{1-\alpha/2}$	2.700389
9	14800			
10	15500		区间上限	1821638
11	17000		区间下限	12832445

图 8-35　计算总体方差 σ^2 的置信区间

第四节   两个总体均值差的区间估计

当两个总体均服从正态分布时，对应样本均值之差，$\overline{x_1} - \overline{x_2}$ 也服从正态分布，对应的标准差为：

$$\sigma_{\overline{x_1}-\overline{x_2}} = \sqrt{\frac{\sigma_1^2}{n_1} + \frac{\sigma_2^2}{n_2}}$$

对应 $\mu_1-\mu_2$ 的点估计是 $\overline{x_1} - \overline{x_2}$，在 $1-\alpha$ 置信水平下的置信区间为：

$$\left[\left(\overline{x_1} - \overline{x_2}\right) - z_{\alpha/2}\sqrt{\frac{\sigma_1^2}{n_1} + \frac{\sigma_2^2}{n_2}}, \ \left(\overline{x_1} - \overline{x_2}\right) + z_{\alpha/2}\sqrt{\frac{\sigma_1^2}{n_1} + \frac{\sigma_2^2}{n_2}} \right]$$

【例 8-8】某学校对同年级两个不同班级学生期末考试英语成绩进行评估。假定这两个班级同学的英语成绩服从正态分布，已知 1 班有 46 名同学，平均成绩为 86 分，标准差为 5.8，2 班有 33 名同学，平均成绩为 78 分，标准差为 7.2。求两个班同学英语平均成绩之差在 95% 置信水平下的区间估计。

具体操作步骤如下：

（1）将原始数据输入 Excel 中。

（2）单击 F1 单元格，用于放置 $\overline{x_1} - \overline{x_2}$ 的值，在编辑栏输入 "=B4-C4"，按回车键确认，结果如图 8-36 所示。

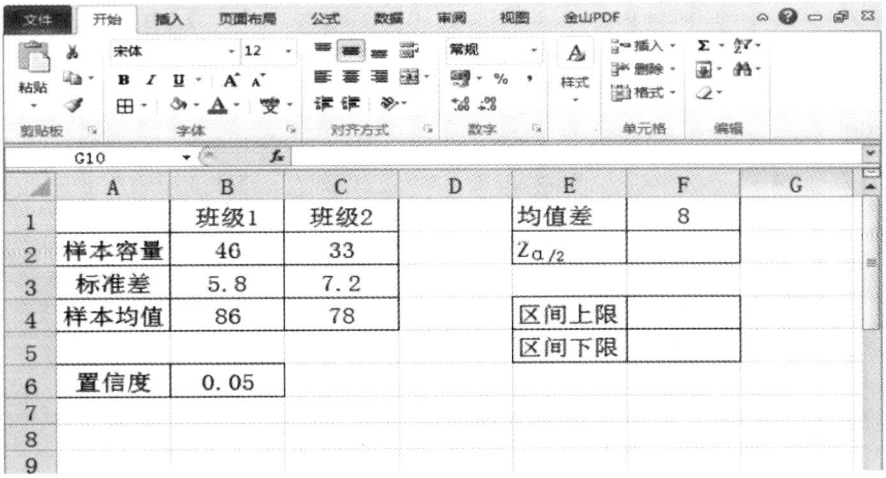

图 8-36   计算均值

（3）单击 F2 单元格，用于放置 $Z_{\alpha/2}$ 的值，在编辑栏输入 "=NORM.S.INV（B6/2）"，按回车键确认，结果如图 8-37 所示。

（4）单击 F4 单元格，用于放置置信区间上限，在编辑栏输入 "=F1-F2*SQRT（B3^2/B2+C3^2/C2）"，按回车键确认，结果如图 8-38 所示。

（5）单击 F5 单元格，用于放置置信区间下限，在编辑栏输入 "=F1+F2*SQRT（B3^2/B2+C3^2/C2）"，按回车键确认，结果如图 8-39 所示。

F2			f_x	=NORM.S.INV(B6/2)	
	A	B	C	D	E	F

	A	B	C	D	E	F
1		班级1	班级2		均值差	8
2	样本容量	46	33		$Z_{a/2}$	-1.96
3	标准差	5.8	7.2			
4	样本均值	86	78		区间上限	
5					区间下限	
6	置信度	0.05				

图 8-37　计算 $Z_{a/2}$ 值

F5			f_x		

	A	B	C	D	E	F	G
1		班级1	班级2		均值差	8	
2	样本容量	46	33		$Z_{a/2}$	-1.96	
3	标准差	5.8	7.2				
4	样本均值	86	78		区间上限	10.9739	
5					区间下限		
6	置信度	0.05					
7							
8							

图 8-38　计算区间的上限

F5			f_x	=F1+F2*SQRT(B3^2/B2+C3^2/C2)	

	A	B	C	D	E	F	G
1		班级1	班级2		均值差	8	
2	样本容量	46	33		$Z_{a/2}$	-1.96	
3	标准差	5.8	7.2				
4	样本均值	86	78		区间上限	10.9739	
5					区间下限	5.02614	
6	置信度	0.05					
7							

图 8-39　计算区间的下限

第五节　两个总体方差比的区间估计

在构造两个总体方差之比的置信区间时，要求两个总体都服从正态分布，利用 F 分布，可得两个总体方差之比在 $1-\alpha$ 置信水平下的置信区间为：

$$\left[\frac{s_1^2/s_2^2}{F_{\alpha/2}(n_1-1,\ n_2-1)},\ \frac{s_1^2/s_2^2}{F_{1-\alpha/2}(n_1-1,\ n_2-1)}\right]$$

【例 8-9】某县为了研究本县农村居民消费支出上的差异，从甲、乙两村各随机抽取 25 名村民，得到如下结果：甲村居民月平均消费支出为 1 430 元，方差为 260，乙村居民月平均消费支出为 1 300 元，方差为 280。试以 90% 置信水平估计甲、乙两村居民消费支出方差之比的置信区间。

具体操作步骤如下：

（1）将原始数据输入 Excel 中。

（2）单击 F1 单元格，用于放置 $F_{\alpha/2}$ 的值，在编辑栏输入"=FINV（B6/2，B2-1，C2-1）"，按回车键确认，结果如图 8-40 所示。

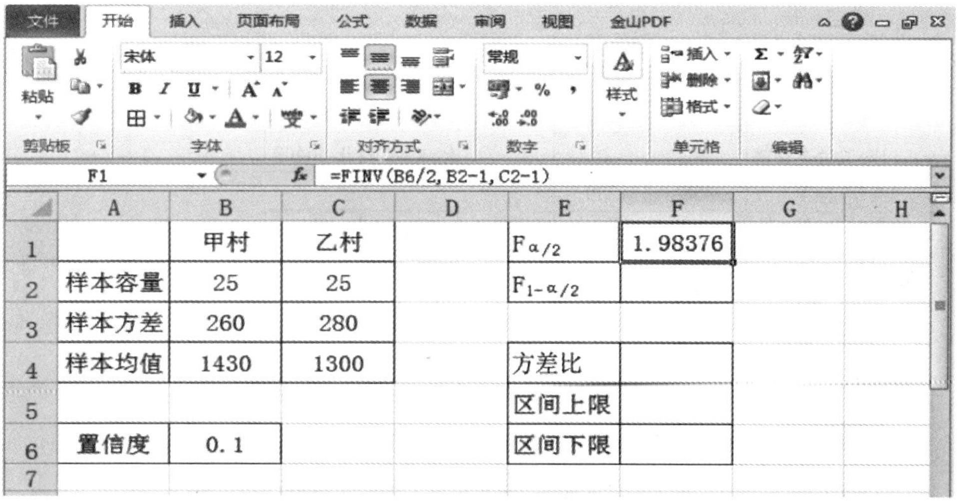

图 8-40　计算 $F_{\alpha/2}$ 的值

（3）单击 F2 单元格，用于放置 $F_{1-\alpha/2}$ 的值，在编辑栏输入"=FINV（1-B6/2，B2-1，C2-1）"，按回车键确认，结果如图 8-41 所示。

（4）单击 F4 单元格，用于放置方差比，在编辑栏输入"=B3/C3"，按回车键确认，结果如图 8-42 所示。

（5）单击 F5 单元格，用于放置置信区间上限，在编辑栏输入"=F4/F2"，按回车键确认，结果如图 8-43 所示。

（6）单击 F6 单元格，用于放置置信区间下限，在编辑栏输入"=F4/F1"，按回车键确认，结果如图 8-44 所示。

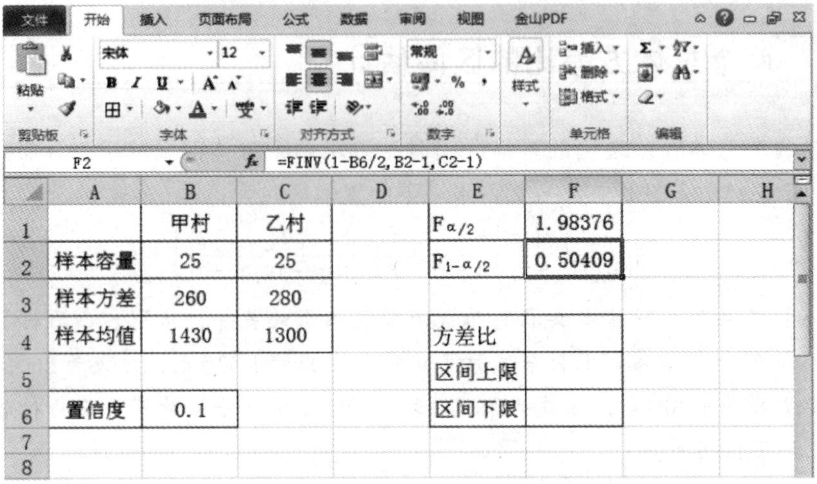

图 8-41　计算 $F_{1-\alpha/2}$ 的值

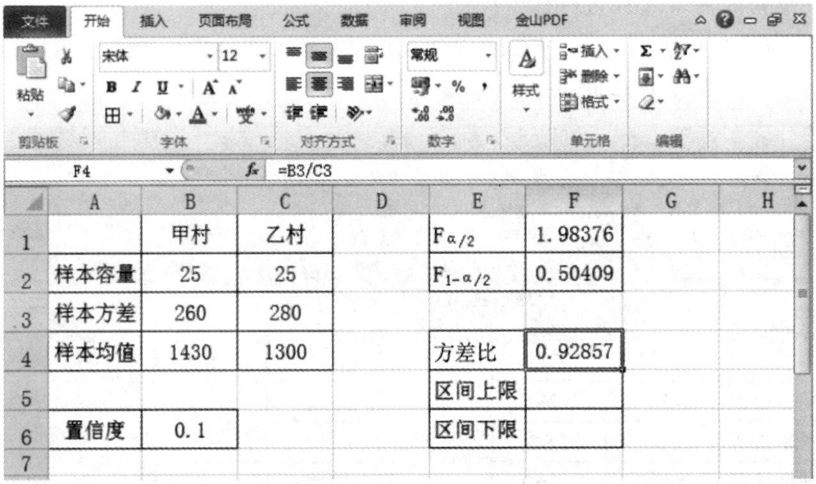

图 8-42　计算方差比

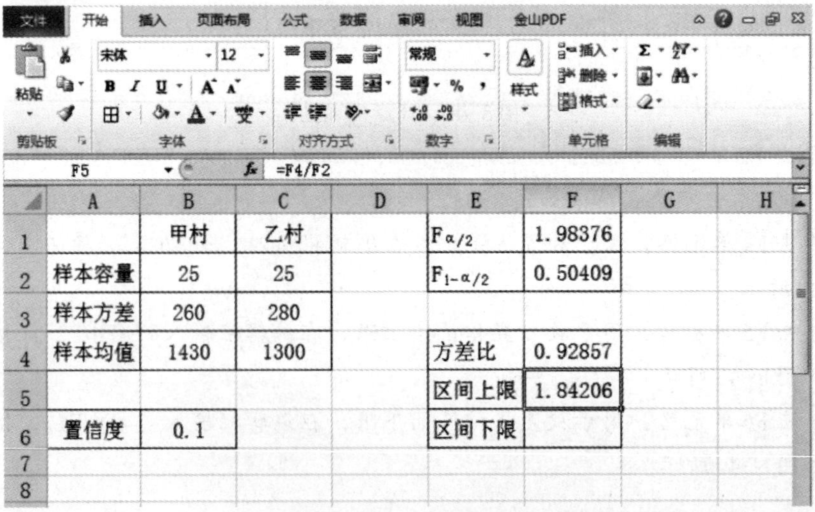

图 8-43　计算区间上限

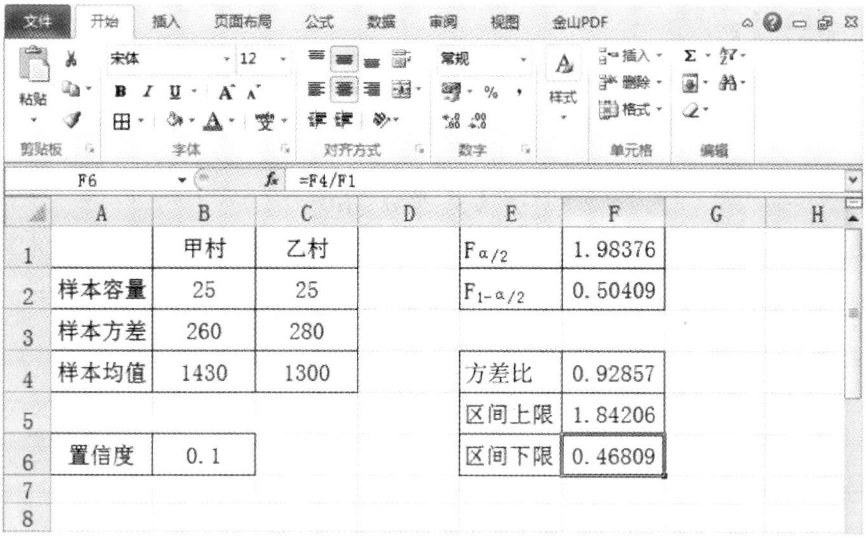

图8-44　计算区间下限

练习题

1. 某班有50位同学，现随机抽取（一个一个抽，可以是重复抽样也可以是不重复抽样）其中的11位同学的成绩分别为87，78，73，56，91，65，47，69，72，82，79分。

要求：请在95%的概率保证程度下，估计该班学生平均成绩的置信区间。

2. 某外贸公司出口一种茶叶，规定每包规格不低于150克，现在用不重复抽样的方法抽取其中1%进行检验，测得的结果见表8-4。

表8-4　　　　　　　　　　　　　某外贸公司出口茶叶抽样资料

每包重量（克）	组中值（克）	数量（包）
148~149	148.5	10
149~150	149.5	20
150~151	150.5	50
151~152	151.5	20
合计	—	100

要求：假定每包茶叶低于150克就算不合格，以99.73%的概率保证度估计这批茶叶合格率的置信区间。

实验九

假设检验

实验目的

　　掌握如何利用Excel进行总体均值、总体比例、总体方差的假设检验，能够针对实际背景提出原假设和备择假设来检验实际问题，并根据检验结果作出适合的统计判断和结论。

实验要求

　　1. 运用Excel的公式和函数对总体均值、总体成数、总体方差进行假设检验。

　　2. 利用假设检验分析工具对两总体均值、两总体方差进行假设检验。

假设检验

第一节　利用公式和函数进行假设检验

一、总体均值的假设检验

1.总体方差已知情况下均值的假设检验

当总体方差已知时，对于正态总体无论样本大小都可以采用Z检验统计量进行检验，非正态总体或总体分布未知的大样本（即n≥30），也可以采用Z检验统计量进行检验，Z检验统计量如下：

$$Z = \frac{\bar{x} - \mu}{\sigma / \sqrt{n}} \sim N(0, 1)$$

其中，n为样本容量，x为样本均值，μ为总体均值，σ为总体方差。

【例9-1】已知某电器零件的平均电阻一直保持在2.64Ω，改变加工工艺后，测得100个零件的平均电阻为2.62Ω，如改变工艺前后电阻的标准差保持在0.06Ω，请问新工艺对此零件的电阻有无显著影响（α=0.05）。

具体操作步骤如下：

（1）建立假设。H_0: $\mu = 2.64$；H_1: $\mu \neq 2.64$。

（2）在Excel中输入已知数据。在B2至B6单元格中分别输入已知的总体均值、总体标准差、样本均值、样本容量、显著性水平，如图9-1所示。

（3）计算Z双尾临界值。在B7单元格中输入公式"=ABS（NORM.S.INV（B6/2））"，按回车键得到$Z_{\alpha/2} = Z_{0.025} = 1.96$，如图9-2所示。

图9-1 总体方差已知下均值的假设检验已知数据

图9-2 Z双尾临界值计算

（4）估计检验统计量Z值及对应P值。在B8单元格中输入公式"=ABS（（B4-B2）/（B3/B5^0.5））"，回车得到估计量Z值为3.33；在B9单元格中输入公式"=2*（1-NORMSDIST（B8））"，回车得到对应的P值为0.0009，如图9-3所示。

图9-3 统计量Z值及对应P值计算

（5）进行统计判断。可采用两种方法进行统计判断，一是临界值法，$|Z| = 3.33 > Z_{\alpha/2} = 1.96$，应拒绝原假设；二是P值法，$P = 0.0009 < \alpha = 0.05$，同样应拒绝原假设。本次检验拒绝原假设，说明有95%的把握认为新工艺对此零件的电阻有显著影响。

2.总体方差未知情况下均值的假设检验

当总体方差未知时，对于正态总体无论样本大小，都可以采用t检验；对于大样本，也可用Z检验；但对于非正态总体或总体分布未知的大样本，采用Z检验法。Z检验统计量前面已有介绍，此处不再重复，t检验统计量为：

$$t = \frac{\bar{x} - \mu}{s/\sqrt{n}} \sim t(n-1)$$

其中，n为样本容量，$\bar{x}$为样本均值，μ为总体均值，s为样本方差。

【例9-2】假设我国某年会计学专业毕业生的平均年收入是48 722元。随机抽查某大学50名会计学专业的毕业生，经计算，他们的平均年收入为49 850元，标准差为3 300。请问在显著性α=0.05的情况下，该大学会计学专业毕业生的平均年收入是否高于全国平均水平？

具体操作步骤如下：

（1）建立假设。H_0：$\mu \leqslant 48722$；H_1：$\mu > 48722$。

（2）在Excel中输入已知数据。在B2至B6单元格中分别输入已知的总体均值、样本均值、样本标准差、样本容量、显著性水平，如图9-4所示。

	A	B
1	**总体方差未知均值的假设检验**	
2	总体均值	48722.00
3	样本均值	49850.00
4	样本标准差	3300.00
5	样本容量	50
6	显著性水平α	0.05
7	t单尾临界值	
8	统计量t估计值	
9	P值	

图9-4　总体方差未知下均值的假设检验已知数据

（3）计算t单尾临界值。在B7单元格中输入公式"=ABS（T.INV（B6，B5-1））"，回车得到$t_\alpha(n-1) = t_{0.05}(49) = 1.68$，如图9-5所示。

	B7		f_x =ABS(T.INV(B6,B5-1))		
	A	B	C	D
1	**总体方差未知均值的假设检验**			
2	总体均值	48722.00		
3	样本均值	49850.00		
4	样本标准差	3300.00		
5	样本容量	50		
6	显著性水平α	0.05		
7	t单尾临界值	1.68		
8	统计量t估计值			
9	P值			

图9-5　t单尾临界值计算

（4）估计检验统计量 t 值及对应 P 值。在 B8 单元格中输入公式"=ABS（（B3-B2）/（B4/B5^0.5））"，回车得到统计量 t 估计值为 2.42；在 B9 单元格中输入公式"=T.DIST.RT（B8，B5-1）"，回车得到对应的 P 值为 0.0097，如图 9-6 所示。

B8	▼	f_x	=ABS((B3-B2)/(B4/B5^0.5))

	A	B	C	D
1	**总体方差未知均值的假设检验**			
2	总体均值	48722.00		
3	样本均值	49850.00		
4	样本标准差	3300.00		
5	样本容量	50		
6	显著性水平α	0.05		
7	t单尾临界值	1.68		
8	统计量t估计值	2.42		
9	P值	0.0097		

图 9-6　统计量 t 值及相应 P 值计算

（5）进行统计判断。可采用两种方法进行统计判断，一是临界值法，$|t| = 2.42 > t_\alpha(n-1) = 1.68$，应拒绝原假设；二是 P 值法，$P = 0.0097 < \alpha = 0.05$，同样应拒绝原假设。本次检验拒绝原假设，说明有 95% 的把握认为大学会计学专业毕业生的平均年收入高于全国平均水平。

二、总体比例的假设检验

总体比例是指总体中具有某种相同特征个体所占的比值，这些特征可以是数值型，也可以是品质型。总体比例一般用 π 表示，通常是未知的，但可以事先假定其为某个数值，以 π_0 表示，用随机抽取的样本比例检验实际的 π 与假定的 π_0 的关系。

由抽样分布理论可知，样本比例 p 服从二项式分布，因此，可以利用二项式分布构建检验统计量进行总体比例的假设检验。在大样本（$n \cdot \pi_0 \geqslant 5$ 和 $n \cdot (1 - \pi_0) \geqslant 5$）情况下，二项式分布近似于正态分布，总体比例的假设检验实际就是直接通过建立标准正态分布的统计量进行检验，具体如下：

$$Z = \frac{p - \pi_0}{\sqrt{\dfrac{\pi_0(1 - \pi_0)}{n}}} \sim N(0, 1)$$

其中，n 为样本容量，p 为样本比例，π_0 为总体比例。

【例 9-3】某工厂生产的某种产品的次品率为 5%，现对产品进行新工艺试验，从中随机抽取 50 件产品进行检验，发现有 4 件次品。请问在 0.05 的显著性水平下能否认为此项新工艺提高了产品的质量？

具体操作步骤如下：

（1）建立假设。H_0：$\pi_0 \geqslant 0.05$；　H_1：$\pi_0 < 0.05$。

（2）在 Excel 中输入已知数据。在 B2 至 B6 单元格中分别输入已知的总体次品率、样本次品数量、样本容量、样本次品率（样本次品数量/样本容量）、显著性水平，如图 9-7 所示。

	A	B
1	总体比例的假设检验	
2	总体次品率	0.05
3	样本次品数量	4
4	样本容量	50
5	样本次品率p	0.08
6	显著性水平α	0.05
7	Z单尾临界值	
8	统计量Z估计值	

图9-7　总体比例的假设检验已知数据

（3）计算Z单尾临界值。在B7单元格中输入公式“=ABS（NORM.S.INV（B6））”，回车得到 $Z_\alpha = Z_{0.05} = 1.64$，如图9-8所示。

B7　fx　=ABS(NORM.S.INV(B6))

	A	B	C	D
1	总体比例的假设检验			
2	总体次品率	0.05		
3	样本次品数量	4		
4	样本容量	50		
5	样本次品率p	0.08		
6	显著性水平α	0.05		
7	Z单尾临界值	1.64		
8	统计量Z估计值			
9	P值			

图9-8　Z单尾临界值计算

（4）估计检验统计量Z值及对应P值。在B8单元格中输入公式“=ABS（（B5-B2）/（（B2*（1-B2）/B4）^0.5））”，回车得到估计量Z值为0.97；在B9单元格中输入公式“=1-NORMSDIST（B8）”，回车得到对应的P值为0.1652，如图9-9所示。

B8　fx　=ABS((B5-B2)/((B2*(1-B2)/B4)^0.5))

	A	B	C	D	E
1	总体比例的假设检验				
2	总体次品率	0.05			
3	样本次品数量	4			
4	样本容量	50			
5	样本次品率p	0.08			
6	显著性水平α	0.05			
7	Z单尾临界值	1.64			
8	统计量Z估计值	0.97			
9	P值	0.1652			

图9-9　统计量Z值及相应P值计算

（5）进行统计判断。$|Z| = 0.97 < Z_\alpha = Z_{0.05} = 1.64$，应接受原假设，同样 $P = 0.1652 >$

$\alpha = 0.05$，也应接受原假设，说明有95%的把握认为此项新工艺没有提高产品的质量。

三、总体方差的假设检验

总体方差检验利用的是卡方（χ^2）分布，无论样本容量大小，都要求总体服从正态分布，检验统计量为：

$$\chi^2 = \frac{(n-1)s^2}{\sigma_0^2} \sim \chi^2(n-1)$$

其中，n为样本容量，s^2为样本方差，σ_0^2为总体方差。

【例9-4】某工厂生产的钢丝绳折断力XN服从正态分布N（576，σ^2），某日抽取10根钢丝绳进行折断力测试，测量结果发现这10根钢丝绳折断力的方差为75.73N。根据该试验数据，在显著性水平$\alpha=0.05$的条件下，是否可以认为该日生产的钢丝绳折断力的方差是64N？

具体操作步骤如下：

（1）建立假设。H_0：$\sigma^2 = 64$；H_1：$\sigma^2 \neq 64$。

（2）在Excel中输入已知数据。在B2至B5单元格中分别输入已知的总体方差、样本方差、样本容量、显著性水平，如图9-10所示。

	A	B
1	**总体方差的假设检验**	
2	总体方差	64.00
3	样本方差	75.73
4	样本容量	10
5	显著性水平α	0.05
6	双尾右侧卡方临界值	
7	双尾左侧卡方临界值	
8	统计量卡方估计值	
9	双侧P值	

图9-10 总体方差的假设检验已知数据

（3）分别计算双尾卡方右侧临界值和左侧临界值。在B6单元格中输入公式"=CHISQ.INV.RT（B5/2，B4-1）"，回车得到$\chi^2_{0.05/2}(n-1) = \chi^2_{0.025}(9) = 19.02$；在B7单元格中输入公式"=CHISQ.INV（B5/2，B4-1）"，回车得到$\chi^2_{1-0.05/2}(n-1) = \chi^2_{0.975}(9) = 2.7$，如图9-11所示。

B6		f_x	=CHISQ.INV.RT(B5/2,B4-1)	
	A	B	C	D
1	**总体方差的假设检验**			
2	总体方差	64.00		
3	样本方差	75.73		
4	样本容量	10		
5	显著性水平α	0.05		
6	双尾右侧卡方临界值	19.02		
7	双尾左侧卡方临界值	2.70		
8	统计量卡方估计值			
9	双侧P值			

图9-11 双尾右侧卡方临界值和左侧卡方临界值计算

（4）估计检验统计量卡方值及对应 P 值。在 B8 单元格中输入公式"=（B4-1）*B3/B2"，回车得到估计量卡方值为 10.65；在 B9 单元格中输入公式"=2*CHISQ.DIST.RT（B8，B4-1）"，回车得到对应的 P 值为 0.601，如图 9-12 所示。

	B8	f_x	=(B4-1)*B3/B2	
	A		B	C
1	总体方差的假设检验			
2	总体方差		64.00	
3	样本方差		75.73	
4	样本容量		10	
5	显著性水平α		0.05	
6	双尾右侧卡方临界值		19.02	
7	双尾左侧卡方临界值		2.70	
8	统计量卡方估计值		10.65	
9	双侧P值		0.6010	

图 9-12　统计量卡方值及对应 P 值计算

第二节　利用假设检验工具进行假设检验

利用假设检验工具需要注意两方面问题：一是 Excel 的假设检验工具是按照正态总体设计的，非正态总体不适用；二是 Excel 的假设检验工具主要用于检验两总体之间有无显著差异。具体来说，Z 检验工具是对方差或标准差已知的两总体均值进行差异性检验；t 检验工具是对方差和标准差未知的两总体均值进行差异性检验；F 检验工具是对两总体方差进行检验。

对于两个总体均值是否相等的检验，在大样本情形下，无论两个总体方差是否已知，均可采用 Z 检验；当两个样本都为独立小样本时，若两总体方差已知，采用 Z 检验，若两总体方差未知，一般采用 t 检验。对于两总体比例是否相等的检验，一般采用 Z 检验。对于两总体方差是否相等的检验，采用 F 检验。

一、Z 检验工具

【例 9-5】某旅游公司对游客进行调查以确定游客对现有两套旅游方案的满意程度。该旅游公司随机选取了 80 名游客，其中 40 名给 A 方案打分，另 40 名给 B 方案打分，分数代表等级，分数越高代表满意程度越高，最高为 10 分。样本数据分别见表 9-1 和表 9-2。

表 9-1　　　　　　　　　　　　　　　A 方案得分数据　　　　　　　　　　　　　　单位：分

序号	得分	序号	得分	序号	得分	序号	得分	序号	得分
1	6	9	3	17	9	25	5	33	3
2	4	10	8	18	10	26	7	34	8
3	6	11	10	19	4	27	8	35	9

续表

序号	得分	序号	得分	序号	得分	序号	得分	序号	得分
4	8	12	4	20	3	28	9	36	7
5	7	13	8	21	5	29	3	37	6
6	7	14	7	22	5	30	10	38	6
7	6	15	8	23	4	31	8	39	4
8	3	16	8	24	9	32	2	40	9

表9-2　　　　　　　　　　　　　　　　B方案得分数据　　　　　　　　　　　　　　单位：分

序号	得分	序号	得分	序号	得分	序号	得分	序号	得分
1	10	9	10	17	6	25	3	33	3
2	9	10	7	18	10	26	2	34	7
3	6	11	6	19	4	27	8	35	8
4	8	12	5	20	7	28	5	36	8
5	7	13	8	21	6	29	10	37	5
6	7	14	7	22	9	30	2	38	2
7	9	15	8	23	9	31	7	39	5
8	8	16	5	24	1	32	2	40	8

假定两总体的方差已知，分别为5.6和6.1，请问在0.05显著性水平下，A方案和B方案的平均等级分数有无差异？

具体操作步骤如下：

（1）建立假设。$H_0: \mu_1 = \mu_2$；$H_1: \mu_1 \neq \mu_2$。

（2）在Excel中输入已知数据。将A方案得分数据输入B3至B42，将B方案得分数据输入C3至C42。

（3）在"数据"菜单中选择"数据分析"选项，从"分析工具"列表中选择"Z-检验：双样本平均差检验"，如图9-13所示。

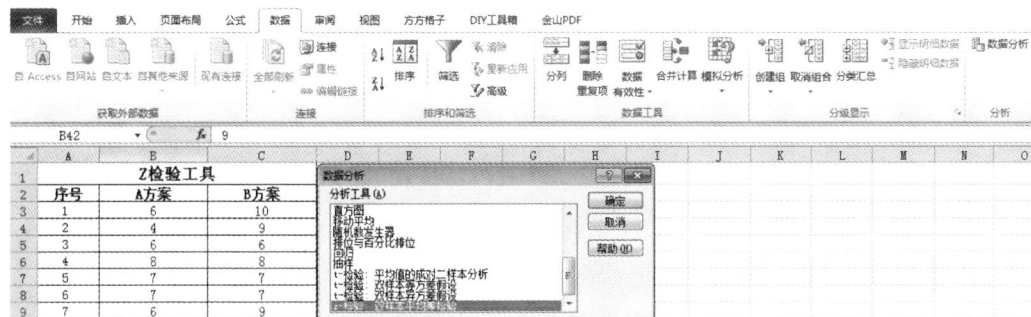

图9-13　数据分析工具

（4）单击"确定"按钮（或回车）进入"Z-检验：双样本平均差检验"对话框，在变量1和变量2的区域框中，分别输入"$B$2：$B$42"和"$C$2：$C$42"（原始数据区域）；在"假设平均差（P）"框中输入"0"；在"变量1的方差（已知）（V）"和"变量2的方差（已知）（R）"框中，分别输入两个总体方差"5.6"和"6.1"；勾选"标志（L）"复选框；"α（A）"框中输入显著性水平"0.05"，选择空白区域作为输出区域，此处选择"$E$2"，具体如图9-14所示。

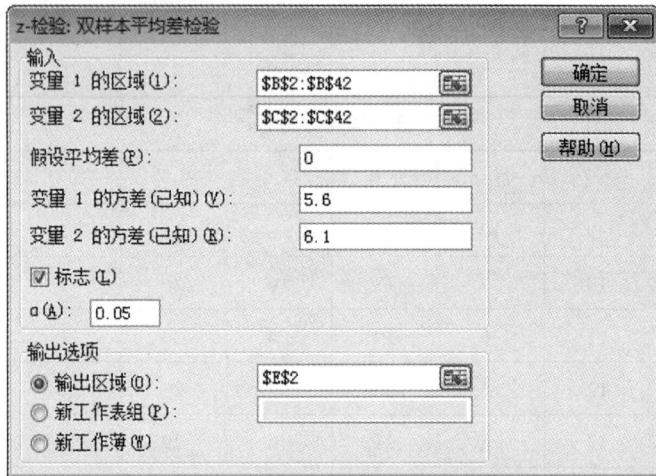

图9-14　"Z-检验：双样本平均差检验"对话框

（5）完成上述操作后，回车确认，即可在指定区域得到计算结果，如图9-15所示。

	A	B	C	D	E	F	G
1		Z检验工具					
2	序号	A方案	B方案		z-检验：双样本均值分析		
3	1	6	10				
4	2	4	9			A方案	B方案
5	3	6	6		平均	6.4	6.45
6	4	8	8		已知协方差	5.6	6.1
7	5	7	7		观测值	40	40
8	6	7	7		假设平均差	0	
9	7	6	9		z	-0.09245	
10	8	3	8		P(Z<=z) 单尾	0.46317	
11	9	3	10		z 单尾临界	1.644854	
12	10	8	7		P(Z<=z) 双尾	0.92634	
13	11	10	6		z 双尾临界	1.959964	

图9-15　Z检验计算结果

输出结果中，"平均"为样本均值，"已知协方差"为总体方差。

（6）进行决策判断。$|Z| = 0.09245 < Z_{\alpha/2} = 1.959964$，应接受原假设，同样 $P = 0.46317 > \alpha = 0.05$，也应接受原假设，说明有95%的把握认为A方案和B方案的平均等级分数无差异。

二、t检验工具

1.独立样本情形

【例9-6】为比较A、B两种安眠药的疗效，对20名患者进行药效比对试验，将20名患者分成两组，每组10人，设服药后延长的睡眠时间 X_1 和 X_2 分别服从两个正态分布，两个总体方差不相等。试验数据见表9-3。

表9-3 A、B两种安眠药的疗效试验数据 单位：小时

编号	1	2	3	4	5	6	7	8	9	10
药品A	5.5	4.7	4.4	3.5	1.8	1.7	1.0	0.9	0.1	−0.1
药品B	3.9	3.4	2.6	2.0	1.8	1.0	0.4	0.0	−0.4	−1.3

请问在显著性水平 α=0.05 的条件下，A、B两种安眠药的平均疗效是否有明显差异？

具体操作步骤如下：

（1）建立假设。$H_0: \mu_1 = \mu_2$；$H_1: \mu_1 \neq \mu_2$。

（2）在Excel中输入表9-3的数据。

（3）在"数据"菜单中选择"数据分析"选项，从"分析工具"列表中选择"t-检验：双样本异方差假设"，如图9-16所示。

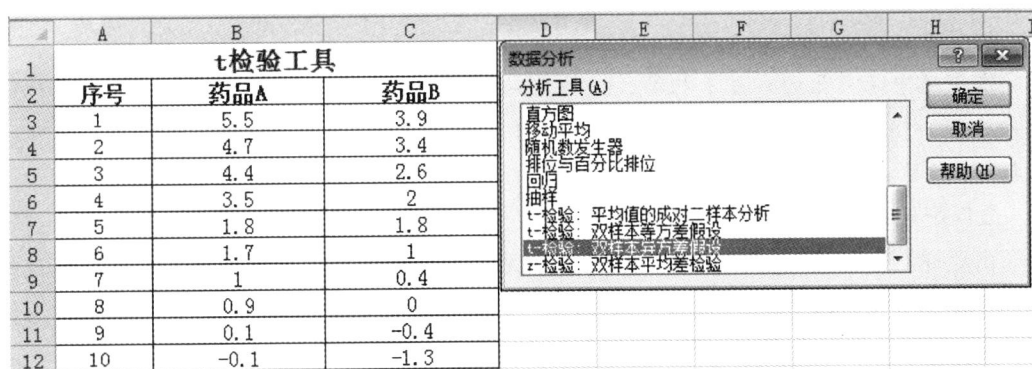

图9-16 数据分析工具

（4）单击"确定"按钮（或回车）进入"t-检验：双样本异方差假设"对话框，在变量1和变量2的区域框中，分别输入"\$B\$2：\$B\$12"和"\$C\$2：\$C\$12"（原始数据区域）；在"假设平均差（E）"框中输入"0"；勾选"标志（L）"复选框；"α（A）"框中输入显著性水平"0.05"，选择空白区域作为输出区域，此处选择"\$E\$2"，具体如图9-17所示。

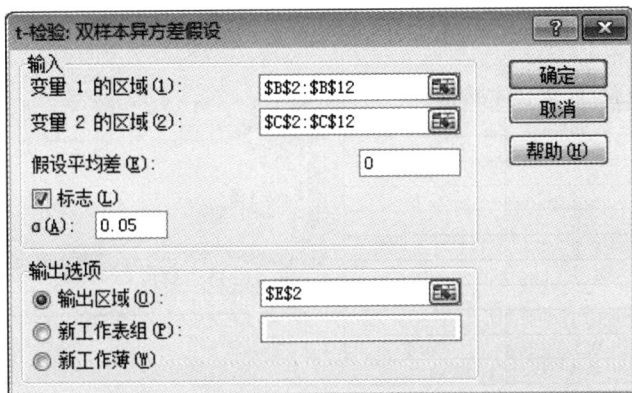

图9-17 "t-检验：双样本异方差假设"对话框

（5）完成上述操作后，回车确认，即可在指定区域得到计算结果，如图9-18所示。

	A	B	C	D	E	F	G
1		**t检验工具**			t-检验：双样本异方差假设		
2	**序号**	**药品A**	**药品B**				
3	1	5.5	3.9				
4	2	4.7	3.4			药品A	药品B
5	3	4.4	2.6		平均	2.35	1.34
6	4	3.5	2		方差	4.076111	2.869333
7	5	1.8	1.8		观测值	10	10
8	6	1.7	1		假设平均差	0	
9	7	1	0.4		df	17	
10	8	0.9	0		t Stat	1.211913	
11	9	0.1	-0.4		P(T<=t) 单尾	0.121061	
12	10	-0.1	-1.3		t 单尾临界	1.739607	
13					P(T<=t) 双尾	0.242122	
14					t 双尾临界	2.109816	

图9-18　t检验计算结果

（6）进行决策判断。$|t| = 1.211913 < t_{\alpha/2}(n-1) = 2.109816$，应接受原假设，同样 $P = 0.242122 > \alpha = 0.05$，也应接受原假设，说明没有理由认为A、B两种安眠药的平均疗效存在明显差异。

本例题中两总体的方差不相等，选择"t-检验：双样本异方差假设"；如果两总体的方差相等，可以选择"t-检验：双样本等方差假设"进行t检验，此处不再举例，具体操作与"t-检验：双样本异方差假设"一样。

2.匹配样本情形

由于样本个体之间存在"异质性"，使得独立样本的数据可能产生误差，此时可选择匹配样本。要注意的是，在进行匹配样本检验时，先要假定两个总体配对差值构成的总体服从正态分布，且配对是从差值总体中随机抽取的。

【例9-7】沿用【例9-6】的资料，此处选择匹配样本。

具体操作步骤如下：

（1）建立假设。H_0: $\mu_1 = \mu_2$; H_1: $\mu_1 \neq \mu_2$。

（2）在Excel中输入表9-3的数据。

（3）在"数据"菜单中选择"数据分析"选项，从"分析工具"列表中选择"t-检验：平均值的成对二样本分析"，如图9-19所示。

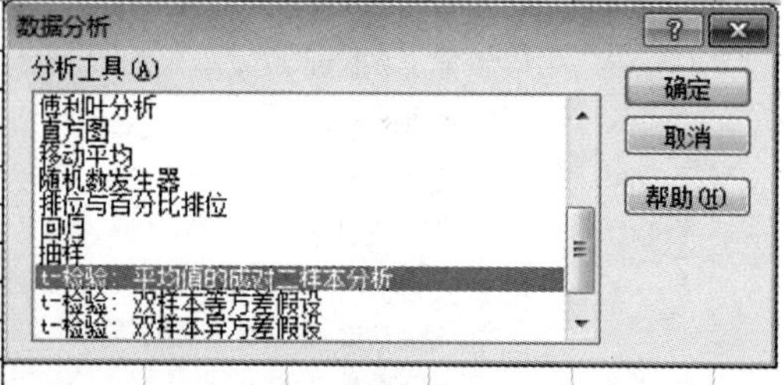

图9-19　数据分析工具

（4）单击"确定"按钮（或回车）进入"t-检验：平均值的成对二样本分析"对话框，在变量1和变量2的区域框中，分别输入"$B$2：$B$12"和"$C$2：$C$12"（原始数据区域）；在"假设平均差（E）"框中输入"0"；勾选"标志（L）"复选框；"α（A）"框中输入显著性水平"0.05"，选择空白区域作为输出区域，此处选择"$E$2"，具体如图9-20所示。

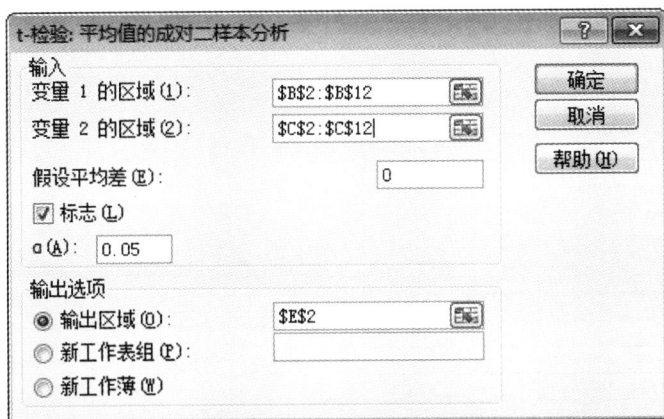

图9-20　"t-检验：平均值的成对二样本分析"对话框

（5）完成上述操作后，回车确认，即可在指定区域得到计算结果，如图9-21所示。

图9-21　t检验计算结果

（6）进行决策判断。|t| = 5.63727 > $t_{\alpha/2}(n-1)$ = 2.262157，应拒绝原假设，同样 P = 0.000319 < α = 0.05，也应拒绝原假设，说明有95%的把握认为A、B两种安眠药的平均疗效存在明显差异。

三、F检验工具

【例9-8】继续沿用【例9-6】的资料，请问在显著性水平α=0.05的条件下，A、B两种安眠药的疗效是否有明显差异？

要研究两种安眠药的疗效有无差异，除了比较其平均延长睡眠时间是否有明显差异外，还要比较两种安眠药延长睡眠时间的波动性（或稳定性）是否也有明显差异，即比较两种药物的标准差或方差是否有差异。

具体操作步骤如下：

（1）建立假设。$H_0: \dfrac{\sigma_1^2}{\sigma_2^2} = 1$ ；　$H_1: \dfrac{\sigma_1^2}{\sigma_2^2} \neq 1$。

（2）在 Excel 中输入表 9-3 的数据。

（3）在"数据"菜单中选择"数据分析"选项，从"分析工具"列表中选择"F-检验：双样本方差"，如图 9-22 所示。

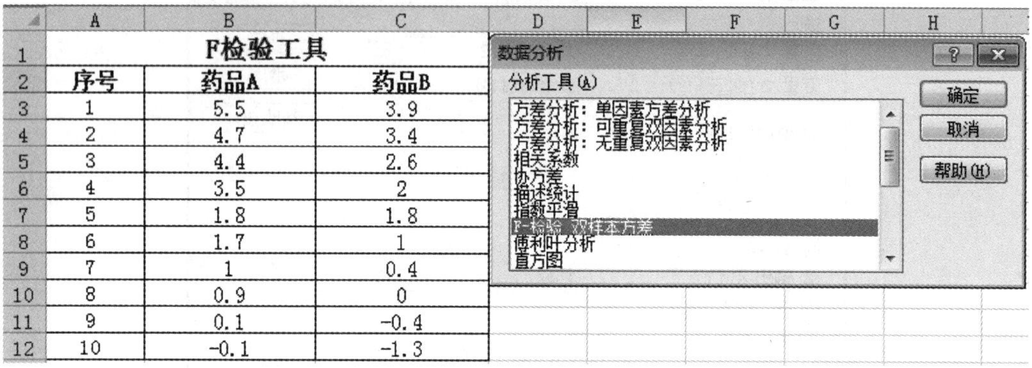

	A	B	C
1		**F检验工具**	
2	**序号**	**药品A**	**药品B**
3	1	5.5	3.9
4	2	4.7	3.4
5	3	4.4	2.6
6	4	3.5	2
7	5	1.8	1.8
8	6	1.7	1
9	7	1	0.4
10	8	0.9	0
11	9	0.1	-0.4
12	10	-0.1	-1.3

图 9-22　数据分析工具

（4）单击"确定"按钮（或回车）进入"F-检验：双样本方差"对话框，在变量 1 和变量 2 的区域框中，分别输入"$B$2：$B$12"和"$C$2：$C$12"（原始数据区域）；勾选"标志（L）"复选框；"α（A）"框中输入显著性水平"0.05"，选择空白区域作为输出区域，此处选择"$E$2"，具体如图 9-23 所示。

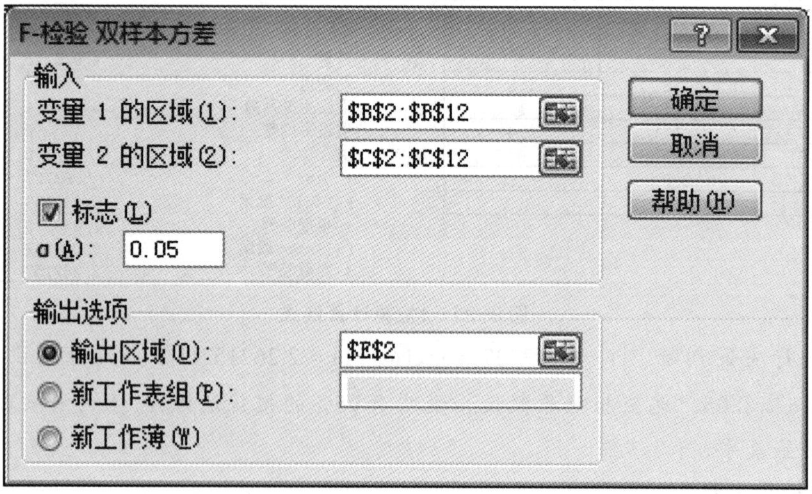

图 9-23　"F-检验：双样本方差"对话框

（5）完成上述操作后，回车确认，即可在指定区域得到计算结果，如图 9-24 所示。

（6）进行决策判断。F = 1.420578 < 3.178893，不应拒绝原假设，同样 P = 0.3047 < α = 0.05，也不应拒绝原假设，说明没有理由认为 A、B 两种安眠药疗效的波动性存在明显差异。

	A	B	C	D	E	F	G
1		F检验工具			F-检验 双样本方差分析		
2	序号	药品A	药品B				
3	1	5.5	3.9			药品A	药品B
4	2	4.7	3.4		平均	2.35	1.34
5	3	4.4	2.6		方差	4.076111	2.869333
6	4	3.5	2		观测值	10	10
7	5	1.8	1.8		df	9	9
8	6	1.7	1		F	1.420578	
9	7	1	0.4		P(F<=f) 单尾	0.3047	
10	8	0.9	0		F 单尾临界	3.178893	
11	9	0.1	-0.4				
12	10	-0.1	-1.3				

图9-24　F-检验计算结果

练习题

1.有甲、乙两个试验员，对同样的试样进行重量分析，两个人的试验分析结果见表9-4。

表9-4　　　　　　　　　　　甲、乙试验分析结果　　　　　　　　　　　单位：克

试验号码	1	2	3	4	5	6	7	8
甲	4.3	3.2	3.8	3.5	3.5	4.8	3.3	3.9
乙	3.7	4.1	3.8	3.8	4.6	3.9	2.8	4.4

要求：假定分析结果服从正态分布，请问在 $\alpha = 0.05$ 的水平下，甲、乙两个试验员的试验分析结果之间有无显著差异？

（提示：本题中既要分析两个试验员分析结果的平均值是否有明显差异，又要分析各分析结果的稳定性是否有明显差异。）

2.某食品厂用自动装罐机装罐头食品，每罐标准重量为500克，每隔一定时间需要检查机器工作情况。现抽得10罐，测得其重量为（单位：克）：195，510，505，498，503，502，612，407，506，537。

要求：假定重量服从正态分布，在0.05的显著性水平下，机器工作是否正常？

主要参考文献

［1］贾俊平. 统计学——基于 Excel［M］. 3 版. 北京：中国人民大学出版社，2022.

［2］贾俊平. 统计学——SPSS 和 Excel 实现［M］. 8 版. 北京：中国人民大学出版社，2022.

［3］贾俊平. 统计学基础［M］. 6 版. 北京：中国人民大学出版社，2020.

［4］陈珍珍. 统计学［M］. 厦门：厦门大学出版社，2018.

［5］叶向，李亚平. 统计数据分析基础教程［M］. 2 版. 北京：中国人民大学出版社，2015.

［6］韩兆洲，王斌会.《统计学原理》学习指导及 Excel 数据统计分析［M］. 2 版. 广州：暨南大学出版社，2011.

［7］李洁明，祁新娥. 统计学原理［M］. 上海：复旦大学出版社，2010.

［8］吴喜之. 统计学：从概念到数据分析［M］. 北京：高等教育出版社，2008.

［9］特里奥拉. 初级统计学［M］. 刘立新，译. 北京：清华大学出版社，2004.

［10］布莱克，埃尔德雷奇. 以 Excel 为决策工具的商务与经济统计［M］. 张久琴，张玉梅，杨琳，译. 北京：机械工业出版社，2003.